MARTIN EGG
DIE AUFKLÄRUNG

Martin Egg

Die Aufklärung

und viele andere lustige
Erzählungen und Gedichte
in schwäbischer Mundart

Zeichnungen: Egle-Egg

Müller Druck & Verlag, 86381 Krumbach

Fotosatz + Druck: Buch- und Offsetdruckerei Müller

Inhaltsverzeichnis:

Wia i als Bua 1922 mit meine Eltra ond mit meine zwoi Schweschtra nauch Nonnenhorn komma bin, hau i dau zom erschta Maul in meim Leaba richtige Weinstöck mit Trauba dra g'seah. Dau wo mir herkomma sind, wachsat Äpfl, Birna, Zwetschga, ab'r koine Trauba. Wenn in Nonnenhorn d' Weinlese rom war, nau hand mir Kind'r in d' Weingärta nei-ganga ond hand nauchgucka derfa, ob it dau od'r dött a Traube beim Weinleasa üb'rseah woara isch. Ond dös war fei manch-maul d'r Fall. Dös was mir Kind'r dau g'macht hand, haut ma „Nachlese" g'hoißa.

So a Nachlese hau i au g'macht. So manches Luschtige ond weanig'r Luschtige, dös von mein'r Geburt bis zua meim Siebzigschta passiert isch, od'r was i iatzt erscht g'schrieba hau, hau i in deam Buach mit mehr od'r weanig'r Phantasie feschtg'halta.

I wünsch mir, daß mei viertes Buach beim Leasa it weanig'r Fraid macht, als wia meine andere drei.

Ottobeuren, 18. Juni 1986

MARTIN EGG

7

Grüaß Gott

Grüaß Gott ond pfüa Gott,
guata Morga ond guat Nacht,
wer sich dia Wört'r
zua seim Sprauchschatz macht,
der isch ganz ohne Fraug,
a waschecht'r Schwaub.

Der sait au no:
Öha, hüah ond hott,
sait it Dankschea,
sond'rn Vergelts Gott.

Sait Huarasiach ond huarament
ond wenn der en Rotzgockal'r
als Truthahn kennt,
nau woiß der au Bescheid,
daß ma zom Frisör,
au Rüaßlschab'r sait.

Zom Paten sait der Dotle,
zuar Tante sait der Bäs
ond dös was er a'haut,
dös isch für dean a Häs.

Gauh, stau, bleiba lau
isch deam au it fremd,
zom Kat'r sait der Baule
ond a Hemat isch a Hemd.

Wenn es dussa glatt isch,
nau isch es für dean hähl
ond dös was der am Fuaß haut,
dös isch für dean a Fähl.

Au dös kloine Wörtle Ebbes,
duat der in seim Herza traga,
denn mit deam Wörtle Ebbes,
ka er fascht alles saga.

Doch, was der am liabschta sait,
von allem mitanand,
dös isch dös Wörtle „Muatt'r"
ond „mei Schwaubaland".

Herrgott wia dank i Dir,
daß i dau bin geboara,
i wär doatunglücklich,
wenn i koi Schwaub wär woara.

Mei Tauftag

Geboara bin i am 18. Juni, tauft haut ma mi a paar Täg schpät'r.
Üb'r mei Tauf haut ma mir folgendes v'rzählt:
Mei Taufdotle war mei Onkl Martin ond aus deam Grund haut
ma mi auf da Nama „Martin" tauft. Weil mei Onkl in Müncha
g'wohnt haut ond mei Tauf in Krumbach war, haut er zua mein'r
Tauf it komma könna. Weil im ganza Haus, in deam i auf d' Welt
komma bin, auß'r mir koi oinziges Mannsbild dau war, es war ja
Kriag, haut mi mei Großmuatt'r in d' Kirch neitraga – – wolla. Sie
haut mit d'r Hebamm ausg'macht g'hett, daß ma sich voar d'r
Kirch hussa trifft.

I bin in meim Taufkissa denna g'leaga ond hau daudrauf g'wartat, daß mi mei Großmuatt'r, dia scha ihr guates Feschthäs a'-
g'hett haut, nimmt, ond in d' Kirch neitrait. Von ons'rm Haus bis
in d' Kirch nei braucht ma a guata Viertlschtund. Wenn ma hintanei gaut, nau braucht ma fünf Minuta weanig'r. Ab'r hintanei
hauts bloß a paar Häus'r ond dau seahat oin z' weanig Leit. Ma
haut mi doch it omasonscht so nobl herg'richtat g'hett.

Mei Muatt'r isch in ihrem Bett denn scha ganz unruhig woara,
denn sie hand in d'r Kirch scha zua mein'r Tauf g'litta g'hett ond d'
Großmuatt'r war mit mir all no it futt. I woiß it, wo sie so lang war.
I hau bloß no mitkriagt, daß sie no schnell nauch d'r kranka Elisabeth guckat haut, weil dia scha zwoi Täg nomma g'fressa haut.
Dös war d'r Großmuatt'r ihra Sau; 's Ziif'r isch d'r Großmuatt'r
üb'r alles ganga. Weil es vornanei ond hintanei zom Laufa scha
z' schpät war, haut d' Großmuatt'r kurzentschlossa ihr altes Dama-
fahrrad g'nomma ond haut mi hint'r sich in da Gepäckschtänd'r
nei'g'schpannt. Voarsichtshalb'r haut sie mi mit'm Wäschsoil
feschtbonda ond g'roiglat, daumit sie mi bei deam Gehopse, denn
d' Straußa warat anno 1915 noit teert, it verliert. Nau isch sie in d'
Pedal neig'schtanda ond isch mit fuchzig Sacha d' Stadt nei, Richtung Kirch, g'fahra. Ma muaß sich dös Bild voarschtella, doch mir
hauts g'falla. I mächt dös Kind kenna, dös wia i, mit vier Täg scha
Radfahra ka. I hätt voar Fraid am liabschta g'songa, wenn i scha a

10

Liad kennt hätt. Am Kammlschteag haut d' Großmuatt'r ihr Fahrrad nag'schtellt ond haut mi nau, wia a richtiges Taufdotle, die letzschte zwoihond'rt Met'r traga. Es isch zeitlich grad no nausganga.

Wia nau d'r Herr Pfarr'r mei Großmuatt'r g'fraugat haut, auf welch'n Nama er mi taufa soll, haut sie laut ond deutlich „Elisabeth" g'sait. I bin daudrüb'r it schlecht verschrocka, weil i bisher g'moint hau i sei a Bua. Mei Großmuatt'r war mit ihre Gedanka bei ihr'r kranka Elisabeth. I bin ab'r scha no auf da Nama „Martin" tauft woara, denn i war wirklich a Bua − − heit no.

Auf'm Hoimweag haut es nomma so pressiert. Dau haut mei Großmuatt'r glei 's Angenehme mit'm Nützlicha verbunda. Sie haut beim Bäck'r a frischa Kipf Brot ond zuar Fei'r des Tages a paar frische Wecka kauft. Weil sie koi Däsch d'rbei g'hett haut, haut sie 's Brot ond d' Wecka zua mir ins Kissa neig'schoba. D'r Platz haut für mi grad no g'roicht. D'r Duft von deam frischa Brot isch mir so herrlich in d' Näs g'schtiega, daß i heit no aufs frische Brot ganz narrat bin. Wia mei Großmuatt'r nau ihr Fahrrad ond mi an r'r Metzgerei voarbeig'schoba haut, haut sie g'leasa, daß es dau frische Bluat- ond Leab'rwürscht geit. Weil dia mei Großmuatt'r für ihr Leaba geara gessa haut, haut sie zwoi Paar kauft. Dia haut sie nau au in meim Taufkissa ont'rbraucht. Dia hand mi it weit'rs g'schtört, denn dia hand sich ja drucka lau. Iatzt woiß i es au, warom i Bluat- ond Leab'rwürscht so geara ma. 's Kraut zua deane Bluat- ond Leab'rwürscht haut mei Großmuatt'r Gott sei Dank dauhoim im Kell'r g'hett, sonscht wär dös au no zua mir ins Kissa nei'komma. Ehrlich'rweis muaß i saga, daß i a kochts Kraut zua jed'r Tag- ond Nachtzeit essa ka.

I glaub, i hau's scha g'sait, daß auf'm Hoimweag d' Großmuatt'r ihr Fahrrad g'schoba haut. Dös haut sie mit Fleiß doa, daumits d' Leit au g'seah hand, was für a scheanes Kind i bin.

Weil mei Tauftag a besonderer Tag war, isch mei Großmuatt'r zur Feier des Tages mit mir no ei'kehrt. A Schöpple Bier isch ihr üb'r alles ganga. Wia i nau au Ebbes g'wöllt hau, haut sie mein Noll'r a paarmaul im Bier ei'donkat ond haut mi daudra zuzla lau. So hau i 's Biertrinka g'lernat.

11

Dös war für mi a'maul ebbes ganz anderes. Weil es wia g'sait a besonderer Tag war, haut sich d' Großmuatt'r en Tell'r süaßsaure Kuttla mit viel Wei'beer denna g'leischtat. Ond dau haut sie nau abwechslungsweis mein Noll'r a'maul im Bier ond a'maul in de Kuttla ei'donkat. I war selig ond iatzt woiß i's au, warom i die süß-saure Kuttla so geara iß.

Wia es oft so gaut, sind no a paar nette Leit komma, dia alle mei Großmuatt'r guat kennt haut. So isch sie halt, anschtatt, daß sie mit mir hoimganga wär, no a bißale sitza blieba ond aus deam oina Schöpple sind es sieba woara. In d'r Früah om Neuna war d' Tauf, nametags om halba Fünfa sind mir endlich dauhoim g'wea. Dau-mit mei Muatt'r von mein'r Tauf au ebbes haut, haut ihr d' Groß-

muatt'r a ganz frischa Tell'rsulz mitbraucht. Dia Sulz haut sie au zua mir ins Kissa neig'schoba ond iatzt wundrats mi gar nomma, daß i a Tell'rsulz für mei Leaba geara ma.

Auf'm Hoimweag haut d' Großmuatt'r, dia es mit ihrem Rad ond mir ganz nett hin- ond hergrissa haut, au no en vollreifa Backsteinkäs kauft. Weil der in meim Kissa nomma Platz g'hett haut, haut'n d' Großmuatt'r mir in d' Hand geaba. I woiß es no guat, es war a 40 % ig'r, a Limburg'r. Daß i en Backsteinkäs sau'r ond mit viel Zwiebl au geara ma, dös brauch i gar nomma saga.

Von mein'r Muatt'r woiß i, daß ihr dia Tell'rsulz b'sond'rs guat g'schmeckt haut. Vielleicht kommt dös dauher, weil i mit meim unschuldiga Fidale z'mittlescht in dean'r Sulz dennag'leaga bin. Mei Großmuatt'r muaß dau beim „Inskissaneischiaba" d' Richtung verfehlt hau. Koi Wond'r bei sieba Schöppla Bier, dia sie an meim Tauftag zämabraucht haut. I hau mi scha g'wundrat, warom es bei mir hintarom so kalt isch.

Weil es dortmauls no koine Pämpers geaba haut, haut mi d' Großmuatt'r in d'r Wirtschaft a paarmaul trockalega müassa. Zua deam Zweck haut sie mi all voll'r Stolz auf da Tisch g'legt ond haut mi dau a Zeit lang nackat strampfla ond gigampfa lau, daumits die oine Leit au seahat, daß ma beim Egg en schneidiga Bua haut.

Ja, mein Tauftag vergiß i it ond wenn i hond'rt Jauhr alt wer, denn 's All'rschönschte war ja no dös, daß mi mei Großmuatt'r, wia mir dauhoim warat, it zua mein'r Muatt'r ins Bett, sond'rn zur Elisabeth neig'legt haut. Sie isch erscht draufkomma, wia mei Muatt'r mei Großmuatt'r nauch mir g'fraugat haut. Sie haut g'sait: „Muatt'r! wo hand Ihr mein Bua?" Dortmauls haut ma zua sein'r Muatt'r no „Ihr" saga müassa. Bis es d'r Großmuatt'r ei-g'falla isch, wo sie mi abg'legt haut, haut mir d' Elisabeth die ganz Stang Backsteinkäs aus d'r Hand g'fressa g'hett. Daudrüb'r haut sich niemand mehr g'frait, als wia mei Großmuatt'r. „Wenn se na grad meah frißt", haut sie freudestrahlend g'sait ond haut mi nau g'nomma ond zua mein'r Muatt'r traga. I hau en ganz scheana Duft mitbraucht.

So luschtig isch es an meim Tauftag zuaganga. An mein'r Groß-muatt'r bin i mit groaß'r Liab g'hangat.

Ich bin klein...

I wer so vierahalb Jauhr alt g'west sei, als a'maul mei Groß-muatt'r schwer krank woara isch. I hau bloß mitkriagt, daß sie a hoahes Fiab'r haut, dös d'r Sanitätsrat, was er au alles versuacht haut, it wegbraucht haut. Im Gegatoil, es isch allaweil no häh'r g'schtiega. D'r Sanitätsrat haut koi groaßa Hoffnung meah g'hett, daß d' Großmuatt'r wied'r auf d' Füaß kommt. Von deam Tag a haut au d'r Großmuatt'r ihra Sau nomma g'fressa. Alle Zwoi sind all weanig'r woara ond während ma sich scha a Noatschlachtung üb'rlegt haut, von d'r Sau natürlich, hätt bei d'r Großmuatt'r scha a Wond'r g'scheah müassa.

In der Noatlag war i Muatt'rs letzschta Hoffnung. Sie haut glaubt, daß dau vielleicht a unschuldiges Kind'rgebeat dös Wund'r erwirka könnt. Mei Muatt'r haut zua mir g'sait: „Martinle, du muascht iatzt recht viel beata, daumit dei Großmuatt'r wied'r g'sond wird. Du bischt mei letzschta Hoffnung."

Mei oinziges Gebeatle, dös i kennt hau, war dös: „Ich bin klein, mein Herz ist rein, kann niemand hinein, als Du mein liebes Jesulein."

I bin no am gleicha Vormittag in d' Stadtpfarrkirch neiganga ond hau dau als kloin'r Knirps ganz inbrünstig beatat, daumit mei Großmuatt'r ond ihra Sau wied'r g'sond werdat. I woiß it, wia oft i mei Gebeatle herg'sait hau. Ond mit laut'r an d' Großmuatt'r ond an ihra Sau denka, haut mei Gebeatle am Schluß so g'lautat: „Liebes Jesulein, mein Herz ist klein, kann niemand hinein, als wie Du, die Großmutter und das Schwein."

A altes Bauraweible, dös mi lang beobachtat haut, isch zua mir herkomma ond haut mi ausg'fraugat, weam i g'här ond warom i so andächtig beat. Ond dau hau i ihr nau kindlich v'rzählt, daß mei Großmuatt'r nomma frißt ond daß ihra Sau a ganz groaßes Fiab'r häb, dös d'r Sanitätsrat nomma kloi macha ka ond daß wahr-scheinlich alle Zwoi sterba müaßat.

Die Bäuerin haut mi nau bei d'r Hand g'nomma ond haut mi hoimg'führt. Bei mir dauhoim haut sie nau erfahra, daß es grad omkehrt sei. Daß d' Großmuatt'r 's hoahe Fiab'r haut ond daß d' Sau nomma frißt. Sie isch nau schnell zua ihr hoimganga ond haut aus'm Stall a ganz frischa Kuahpflatt'r g'hollat. Von der Kuahpflatt'r haut sie en Tee kochat, dean nau mei Großmuatt'r sofort trinka haut müassa. Er haut wirklich it guat g'schmeckt, ab'r er haut g'holfa. Wia am nägschta Tag d'r Herr Sanitätsrat komma isch, isch d' Großmuatt'r fiab'rfrei im Bett denna g'sessa ond haut a Ei'laufsüpple gessa. 's Wund'r war g'scheah, Dank meim Jesulein und d'r Bau'rsfrau ihrem Wond'rtee. Von der Schtund a haut au d'r Großmuatt'r ihra Sau wied'r g'fressa. Dös war 's zwoite Wond'r.

Mei Muatt'r haut mi an ihr Herz druckt ond haut g'sait: „Martinle, dei Beata haut g'holfa." Dös isch au wauhr. Wenn i zom Beata it in d' Kirch neiganga wär, nau hätt mi dia Bau'rsfrau it g'seah ond sie hätt mit ihrem Kuahpflatt'rtee mein'r Großmuatt'r it helfa könna.

I hau mi beim Jesulein bedankt ond zwar a so: „Liebes Jesulein, die Großmutter und das Schwein sind wieder gesund, das ist fein. So kannst Du wieder ganz allein, in mein Herz hinein."

Hör die Abendglocken klingen

1922 sind mir von Lindau nauch Nonnenhorn omzoga, weil d'r Vat'r dau na versetzt woara isch. Nonnenhorn war daumals a kloin'r Ort, mit ma no kloinara Kirchle. Weil dös Haus, in deam mir g'wohnt hand, ganz näh an deam Kirchle schtaut, haut d'r Lehr'r, bei deam i in d' Schual ganga bin, mi beauftragt, in deam Kirchle jed'n Morga om Sechsa ond jed'n Aubad om Semna, 's Gebeat zom läuta. I war mächtig schtolz, daß er mi dauzua auserseaha haut ond i hau mei Aufgab gewissenhaft erfüllt. In Nonnenhorn haut es mir no bess'r g'falla als wia in Lindau. Dau war i in mein'r Freizeit entwed'r am, od'r mit meim selb'rbauta Floß, auf'm Bodensee. A Angl hau i mir natürlich au zuag'legt. Dau haut koi

Mensch was daugega g'hett, wenn a Bua auf'm Landungssteg g'schtanda isch ond g'anglat haut. I hau soviel Fisch hoimbraucht, daß es d'r Muatt'r z'viel woara isch. Bei deam viela Obscht, dös es fascht 's ganze Jauhr üb'r geaba haut, a'g'fanga von de Kirscha bis zua de Trauba, hau i mi wia im Paradies g'fühlt.

Gegaüb'r von deam Haus wo mir g'wohnt hand, war a Obschtbrennerei, wo i oft zuaguckat hau. Wia i wied'r a'maul zuaguckat hau, hand se mi zom Probiera ei'g'lada. Was sie mi probiera hand lau, haut großartig g'schmeckt; es war ab'r hochprozentig, was i it g'wißt hau. I hau all wied'r a Gläsle tronka, es sollat insgesamt vierzehn g'west sei. An deam Tag hau i da erschta Schwips meines Lebens g'hett. Dia, dia mir den Schwips ei'g'füllt ond miterlebt hand, hand ihra hella Fraid an mir g'hett. Oin'r von deane haut mi d'ra erinnrat, daß es für mi Zeit sei, 's Aubadgebeat zom läuta. Gewissenhaft wia i war, bin i hoimg'schwebt ond hau da Schlüssl fürs Kirchle g'hollat. I bin nau ins Kirchle neiganga ond hau nachmittags om halba Drui mit alle Glocka g'litta. I hau wia bei ma Hochamt so schea ond so lang g'litta. I hau allaweil scha mei Fraid am Läuta g'hett, ab'r in deam Zuaschtand haut es mi b'sond'rs g'frait. Koi Wund'r, daß bald a altes Weible zu mir ins Kirchle rei`komma isch ond mi g'fraugat haut, wer denn g'schtorba sei, weil i om dia Zeit so lang ond mit alle Glocka läut. Em Läuta nauch,

haut sie g'moint, muaß dös a ganz Groaß'r od'r a Reich'r sei, koi
so a arm'r Teifl wia sie. In meim beschwingta Zuaschtand hau i
toternscht g'sait, daß es d'r Herr Lehr'r sei, für dean i so schea
läut. Dean hau i nämlich a'weng dick g'hett.

Bald d'rauf haut es d'r ganze Ort g'wißt, daß d'r Herr Lehr'r
urplötzlich g'schtorba sei. Im beschta Alt'r. Bloß er selb'r haut es
it erfahra, weil er an deam Nachmittag in Lindau auf r'r Konferenz
war.

Am nägschta Tag isch, weil ja d'r Herr Lehr'r g'schtorba sei,
koi oinziges Kind in d' Schual ganga. I au it. I ab'r aus ma andara
Grund. I war no sterbeskrank von deam, was mir im Tag zuvoar
so guat g'schmeckt haut. Wia es für mi am üb'rnägschta Tag in d'r
Schual weit'rganga isch, dös verzähl i liab'r a anderes Maul. Auf
jed'n Fall it guat, denn im Schualhaus sind inzwischa acht Trau'r-
kränz, zwölf Blumengebinde ond Dutzende von g'weihte Kerza
abgeaba woara. So beliebt war der Lehr'r. Von deam Tag a hau i
nomma läuta derfa. Mei Muatt'r haut zua mir g'sait: „Bua mach
dir nix draus. Wenn dei Lehr'r scha it g'schtorba isch, nau soll er
doch selb'r läuta."

17

Meine Zeit am Bodensee

1923 isch eines Tages d'r Möblwaga aus Krumbach voar ons'rm Haus g'schtanda ond i hau Abschied nehma müassa von Nonnahorn, vom Kirchle ond vom Bodensee. I hau es dortmauls it begreifa könna, daß ma freiwillig aus'm Paradies ausziaht. I hau em Bodensee lang nauchtrau'rt ond d'r G'ruch vom Wass'r ond von de Fisch isch mir no jahrelang in d'r Neas g'wea. Heit no, wenn i an da Bodensee komm, kriag i 's Hoimweah.

Mir sind in Krumbach wied'r zur Großmuatt'r ins Haus zoga. Es war alles wied'r so wia früah'r ond doch hau i lang braucht, bis i dau, wo i geboara bin, wied'r dauhoim war. In d'r Schual bin i guat mitkomma. In meim erschta Krumbach'r Zeugnis warat laut'r Eins'r. D' Altlach in Krumbach, dia, bevoar mir an da Bodensee zoga sind, für mi 's greaschte Wass'r war, hau i mitleidig beläch'lt ond wenn au Frösch denna warat, Fisch ond Groppla wia im Bodensee haut es doch it geaba. Wia i a'maul an d'r Kamml g'schtanda bin ond angla hau wolla, isch scha a Schutzmann komma ond haut mi futtg'laicht. Ebbes hau i de andere Schualkamerada voaraus g'hett; i war scha am Bodensee ond hau verzähla könna, daß dia bloß so g'losat hand. In der Zeit, wo mir in Nonnahorn g'wohnt hand, war d'r Bodensee a'maul ganz zuag'froara. Wenn i au bloß einige hund'rt Met'r weit neiganga bin, so hand sie es mir doch glaubt, daß i von Lindau bis auf Bregenz nom auf'm Eis ganga sei. Wia i g'merkt hau, daß i mit mein'r V'rzählerei im Mittlpunkt schtand, hau i Sacha erfonda, daß es mir oft selb'r z'viel war. Dau haut doch d'r Herr Lehr'r a'maul g'moint, i soll doch üb'r dia Zeit, wo i in Lindau ond in Nonnahorn g'wohnt hau, en kloina Aufsatz schreiba ond voarleasa, daumit meine Erlebnis alle hära könnat. Mei Aufsatz haut wia folgt g'lautat:

Meine Zeit am Bodensee
1920 sind meine Eltern nach Lindau umgezogen, weil mein Vater dorthin versetzt wurde. Uns drei Kinder haben sie natürlich auch mitgenommen. Da habe ich den Bodensee zum ersten Mal gesehen. So ein großes Wasser habe ich noch nie gesehen. Der

Bodensee ist mindestens zwanzigmal so groß, wie die Krumbacher Altlache. Fische gibt es da in allen Größen. Ich bin oft am Landungssteg gestanden und habe geangelt. Möven fliegen da umher und warten darauf, daß ihnen die Menschen vom Dampfer aus was zuwerfen. So eine Dampferfahrt ist herrlich.

Von Lindau sind wir nach Nonnenhorn umgezogen. Nonnenhorn liegt auch am Bodensee. Da war es besonders schön. Da habe ich mir ein Floß gebaut und bin damit weit auf den See hinausgefahren. Einmal so weit, daß ich schnell das Schwimmen lernen mußte, um nicht zu ertrinken, weil mich eine Dampferwelle von meinem Floß hinabgespült hat. In Nonnenhorn gab es soviel Kirschen, Äpfel und Birnen, daß man sich damit jeden Tag den Bauch vollessen konnte. Man durfte sich nur nicht erwischen lassen, denn die Obstbauern wollen alles vermosten. Wenn die Trauben geerntet sind, dann dürfen die Kinder zur Nachlese in die Weingärten hinein und die Trauben wegpflücken, die vergessen worden sind. Es gab solche große und goldgelbe Birnen, daß immer nur eine in meinen Hosensack paßte. Aus diesem Grunde hat mir meine Mutter extra große Hosensäcke genäht. Im Winter gibt es am Bodensee viel Nebel. Der ist oft so dicht, daß ich beinahe nicht in die Schule fand. Das wäre nicht so schlimm gewesen, denn der Lehrer konnte mich sowieso nicht leiden. Erstens, weil ich kein Einheimischer war und zweitens, weil mir meine Mutter für ihn nichts mitgeben konnte. Wir hatten kein Schwein zum Schlachten. Er hat mich jeden Tag an die Schläfe geboxt. Das ist erst besser geworden, als mein Vater zu ihm in die Schule ging und ihn hochstemmte. Mein Vater war früher einmal Meister im Ringen und Stemmen. Einmal bin ich auf dem Eis von Nonnenhorn bis nach Wasserburg gelaufen, da hat es manchmal ganz schön gekracht. Auf diesem Weg habe ich meinen Lehrer getroffen. Da habe ich mir heimlich was gewünscht. Mein Wunsch ist leider nicht in Erfüllung gegangen, denn am nächsten Morgen war er wieder in der Schule.

Was ist eine Legende?

Heit woiß i des natürlich au, was a Legende isch. A Legende isch entwed'r eine fromme Erzählung, od'r die Lebensgeschichte eines Heiligen. Wenn i mei Lebensgeschichte vr'zähl, nau isch dös ganz g'wiß koi Legende.

Dortmauls, anno 1923, wo i a Schualbua ond knapp acht Jauhr alt war, hau is it g'wißt, was a Legende isch. Ab'r i wills d'r Roih nauch vr'zähla. Weil dös, was i vr'zähla will, in d'r Volksschual passiert isch, wo mir Kind'r nauch d'r Schrift schwätza hand müassa, vr'zähls i auf Hochdeutsch weit'r.

Es war in der ersten Schulstunde, am Ende des Religionsunterrichtes, als der Herr Stadtkaplan zu uns sagte, daß er mit uns morgen darüber sprechen werde, was eine Legende ist. Wir sollen daheim bei den Eltern nachfragen, was die darüber zu sagen haben und dies in einem kurzen Aufsatz festhalten.

Weil meine Eltern an diesem Tage verreist waren, habe ich meine Großmutter gefragt, was eine Legende ist. Weil die gerade keine Zeit hatte, sagte sie zu mir, ich soll mich eine Zeit lang an den Gartenzaun stellen und zum Nachbarn hinüberschauen, dann sehe ich bestimmt eine Legende. Was ich sah, waren Schafe, Hühner, Enten und Gänse. Wie mich meine Großmutter am Abend fragte, ob ich eine Legende gesehen habe, mußte ich dies verneinen. Als ich ihr erzählte, daß ich bis morgen einen Aufsatz darüber schreiben müsse, was eine Legende sei, sagte sie zu mir, das sei doch wirklich keine Kunst. Sie erklärte mir, daß auf dem Bauernhof, wo sie als Kind daheim war, immer eine Legende da war. Wie sie sah, daß ich das Wort Legende mit einem weichen „d" schrieb, sagte sie zu mir das sei falsch. Legende schreibt man mit einem harten „t", weil es von Ente kommt. Eine Legente sei eine Ente, die Eier legt. Daher der Name „Legente". Das leuchtete mir ein. Die anderen Enten sind Hausenten, die keine Eier legen und die meistens zur Kirchweih gemetzget werden, während eine Legente wegen den Eiern und wegen den jungen Enten, länger leben darf. Doch wieder nicht zu lange, sonst wird sie so zäh, daß

man sie durch den Wolf drehen muß. Und sie erzählte mir auch noch, wie die ungeborenen Enten in die Eier hineinkommen, bevor sie dann als kleine Enten wieder herauskommen. So einfach war das mit der Legente – – und so lautete mein Aufsatz:
Eine Legente ist eine Ente, die Eier legt. Daher der Name „Legente". Aus den Eiern schlüpfen dann die kleinen Enten, die, sobald sie auf der Welt sind, schwimmen können; vorausgesetzt, daß ein Wasser da ist. Damit aus den Eiern im Frühjahr die kleinen Enten schlüpfen können, braucht die Legente einen Enterich. Das ist eine männliche Ente. Die macht das gleiche wie ein Gockel, bloß auf einer Ente. Die Legenten leben länger als wie die Hausenten, dafür aber gefährlicher, denn die werden am Ende durch den Wolf gedreht.
Von deam Tag a, wo i dean Aufsatz in d'r Schual voarg'leasa hau, hand d'Buaba, wenn sie mi ärgra hand wolla, quak ! quak ! zu mir g'sait.
Wia d'r Herr Stadtkaplan a paar Wucha schpät'r zua ons g'sait haut, wir sollen uns über den Schöpfer Gedanken machen und dies in zwei bis drei Sätzen niederschreiben, hau i mei Großmuatt'r nomma g'fraugat. Dia haut in d'r Kuche ond im Haus soviel Schöpf'r g'hett, wer woiß, was sie mir für oin aufg'schwätzt hätt. Dös hau i scha selb'r g'wißt, was i dau zom schreiba hau. I hau g'schrieba:
Der Schöpfer ist der liebe Gott. Man heißt ihn deswegen Schöpfer, weil er den Himmel und die Erde geschöpft hat. Himmel und Erde hat er in sechs Tagen geschöpft, dann hat er ausgeruht.

Die Elemente

Eines Tages haut in d'r Volksschual d'r Herr Lehr'r zua ons Buaba g'sait, mir sollat ons dauhoim von de Eltra über die Elemente ebbes saga lau ond sollat auf onsra Tafl schreiba, wiaviel es gibt ond wia dia alle hoißat.

Mei Freind, der scha a paar Däg g'fehlt haut, der ab'r am nägschta Dag meah in d'Schual ganga haut wolla, haut mi g'fraugat, was mir für morga aufhand. Dau hau i ihm nau g'sait, daß mir ons von de Eltra über die Alimente Ebbes saga lassa sollat ond daß mir da Nama von deane Alimente auf ons'ra Tafl schreiba sollat.

Wia nau mei Freind dauhoim sei Muatt'r g'fraugat haut, was sie ihm über die Alimenten saga ka, haut sie gar it freundlich zu ihm g'sait: „Dau fraug na dein scheana Vat'r, der woiß dau bess'r Bescheid." Wia er nau no wissa haut wolla, ob dös schtimmt, daß es von deane mehrere gäb, haut sie ganz scharf zu ihm g'sait ond ihre Auga hand daubei g'funklat: „Dös mächt i ihm it rauta! Mir roicht scha die oine."

An deam Dag isch bei meim Freind seine Eltra d'r Hausseaga ziemlich schiaf g'hangat. Wia d' Muatt'r von meim Freind ihren Mah g'fraugat haut, ob dös wauhr sei, daß es no a paar Alimente gäb, von deane sie nix woiß, ond wo wahrscheinlich ebbes d'ra isch, wenn scha d'r Bua d'rnauch fraugat, haut es en Mordskrach geaba, an deam i it ganz schuldlos g'wea bin.

I hau auf mei Tafl g'schrieba:
>Es gibt vier Elemente und die heißen:
>Erde, Feuer, Wasser, Luft.

Mei Freind haut auf sei Tafl g'schrieba:
>Bei uns zu Hause gibt es zum Glück nur ein Aliment.
>Unser Aliment heißt Xaver wie sein Vater.

Die Aufklärung

Heutzutag duat ma, was i für richtig halt, d' Kind'r scha früahzeitig aufklära; dauhoim ond in d'r Schual in Wort ond Bild. Iatzt i bin üb'rhaupt it aufklärt woara, bis heit noit. I hau als Bua halt g'wißt, daß die junge Bib'rla, Entla ond Gänsla aus de Oi'r schlupfat, weil i dös bei mir dauhoim scha oft g'seah hau ond daß d'r Storch d' Kindla bringt. Wia i a'maul von mein'r Muatt'r wissa hau wolla, warom em Nauchbaur sei Gockl all auf a Henn naufschteigt, haut sie zua mir g'sait: „Dös duat er, daumit er seine Henna bess'r zähla ka." Dös hau i fei glaubt, i hau mi bloß g'wondrat, wia oft der am Tag seine Henna zählt.

Bei de junge Kätzla, dia mir jedes Jauhr kriagt hand, hau i mir denkt, daß dia au aus de Oi'r schlupfat, bis i eines Tages ins Koarahaus naufkomma bin ond mit meine oigane Auga g'seah hau, wo dia rauskommat. I bin grad d'rzuakomma, wia 's erschte Kätzle g'schlupft isch. Bis i richtig guckat hau, warat es zwoi, drei, vier, fünf. Wia nau nix meah komma isch, bin i zua mein'r Muatt'r g'schpronga ond hau ihr ganz aufg'regt v'rzählt, was i grad g'seah hau. Dia isch daudrüb'r, daß i so ebbes Unkeusches g'seah hau, a so verschrocka, daß sie ganz blaß woara isch. Ond nau haut sie mi auf ihre Art aufklärt. Sie haut mir mei Hos radoa ond haut mir, während sie mir mein Hintara versohlt haut, a Standpredigt g'halta, wia nix ond verkomma i in meim Alt'r scha sei. Als ob mei Fidale d'rfür kennt haut, was meine Auga g'seah hand. Zur Strauf haut sie mi in da Kell'r g'schperrt, wo i nauchdenka soll, was i a'g'schtellt hau. Ma könnt grad moina, i häb dia fünf Kätzla auf d' Welt braucht.

Dau bin i also im Kell'r gsessa ond hau mir meine erschte sexuelle Gedanka g'macht. I hau mir üb'rlegt, wia dia fünf Kätzla in onsere alte Katz nei'komma sind. I bin ab'r it d'raufkomma. Am Schluß hau i's auf da liaba Gott g'schoba.

Weil ma mi au am Mittag aus'm Kell'r it rausglau haut ond i en ganz scheana Hung'r verschpürt hau, hau i mi omguckat, ob nix Eßbares dau isch. Bis auf a Glas Senfgurka, dia d'r Vat'r so geara ma ond a Faß mit Sau'rkraut war nix dau. In d'r Noat frißt d'r Teifl d'Fluiga. So hau i halt oi Senfgurk nauch d'r andara gessa, bis koina meah dau war ond obadrauf no a guates halbes Pfond Sau'rkraut. Für da Durscht, der auf dia Senfgurka na komma isch, hau i a paar kräftige Züg aus'm Johannisbeer-Wei-Ballon g'nomma. Dös alles haut wund'rbar zämapaßt.

Wia ma mi verkommanes Subjekt endlich aus'm Kell'r rausglassa haut, hau i als weitere Strauf sofort ond o'gessa in mei Bett ganga müassa. Zom Essa hau i wirklich nix meah braucht. Dös „Sofortinsbettgangamüassa" war a groaß'r Fehl'r. I hätt unbedingt voarher no aufs Häusle ganga müassa, ab'r dös hau i mir it saga traua. In d'r Nacht isch es halt nau passiert. Dau hand d' Senfgurka, 's Kraut ond d'r Johannisbeerwei in meim Bauch den-

na g'schtritta, wer z'erscht nausgaut. Am Schluß sind alle drei mitanand'r ganga. Was iatzt kommt, dös raimt sich sogar. In dieser Nacht habe ich in das Bett gemacht. Dös war zwar au a Sünd, ab'r Gott sei Dank nix Unkeusches.

An deam Aubad, wo dös mit mir ond de junge Kätzla passiert isch, haut d' Muatt'r mit'm Vat'r üb'r mi g'schprocha. Der haut mi nau am nägschta Tag ins Gebet g'nomma. Ab'r it weaga de junge Kätzla ond deam, was i g'seah hau, sond'rn weaga seine Senfgurka, dia i ihm wegg'fressa hau.

Mei Großmuatt'r war die Oinzige, dia mir in Sachen Aufklärung a erschöpfende Auskunft geaba haut. Sie haut zua mir g'sait: „Woischt Martinle, dös isch so. Es müaßat zua deam allaweil zwoi sei." Was sie mit „zua deam" g'moint haut, dös haut sie mir it g'sait. Ond nau haut sie g'sait: „A Kätzin haut ihren Baule, a Ent haut ihren Antal'r, a Goiß haut ihren Goißbock, d'r Bäck'r haut sei Bäckerin, d'r Müll'r haut sei Müllerin, – – kommscht au mit?" haut sie mi g'fraugat. „Ja Großmuatt'r" hau i g'sait und wollts ihr glei beweisa, daß i mitkomma bin. Ond unschuldig wia i war, hau i ergänzt: „D'r Großvat'r haut sei Großmuatt'r, d'r Herr Lehr'r hat sei Lehrerin, d'r Herr Pfarr'r haut sei Pfarrköchin" – – dös muaß ab'r it ganz g'schtimmt hau, weil i auf dös na von d'r Großmuatt'r oina g'fanga hau. „Lausbua nixig'r" haut sie g'sait, „d'r Herr Pfarr'r haut sei Zölibat." „Aha" hau i g'sait, obwohl i it g'wißt hau, wer der Zölibat isch.

Abschließend haut mei Großmuatt'r zua meim Aufklärungs-unt'rricht g'sait: „I moin, du woischt iatzt mehr als wia g'nua ond übrigens kommscht du dau no früah g'nua von selb'r drauf." So haut ma oin früah'r aufklärt. Wenn i dau an iatzt denk!

I bin tatsächlich no d'raufkomma, ab'r viel zu schpät, dau war i scha verheirat.

A Schualkamerad von mir war dau viel bess'r aufklärt als wia i. Wia zua deam sei Vat'r g'sait haut, daß sei Mama im Bett liega muaß, weil sie d'r Storch in da Fuaß neibissa haut, haut der zua seim Vat'r g'sait: Ab'r Papa! Isch dös für d' Mama it gefährlich, so kurz voar d'r Entbindung?"

Die Martinsgans

An oin Martinstag ka i mi no guat erinnra, dau haut es bei mir Träna geaba, obwohl mei Namenstag auf en Sonntag g'falla isch, ond obwohl au no an deam Sonntag d'r Martinimarkt war. Auf da Martinimarkt war i all b'sond'rs stolz, weil ma weaga mir so en Aufwand g'macht haut.

Mei Onkl aus Müncha, der au Martin g'hoißa haut, haut sich für dean Sonntag a'g'meldat g'hett. I hau mi auf mein Onkl g'frait. Erstens, daß er kommt ond zwoitens, daß er dösmaul alloinig kommt. Ohne sei Frau ond ohne meine zwoi Kusina. Dia zwoi hau i g'forchta, denn wenn es bei ons ebbes Guates geaba haut, hau i, wenn dia dau warat, it viel verdwischt. Dia hand allaweil gessa, als wenn se vierzeh Täg nix meah kriagt hättat. Wenn sei Frau, mei Tante, all mitkomma isch, nau haut er für ons drei Kind'r mitanand'r all bloß oi Tafl Schoklad bringa derfa. Iatzt, wo sie it mitkommt, hau i daumit g'rechnat, daß er jed'm von ons Kind'r a ganza Tafl bringt. Dös wär ebbes unbeschreiblich Scheanes g'wea. A ganza Tafl hau i bis dau na no nia kriagt. Ma muaß sich dös Glücksgefühl voarschtella.

D'r Onkl Martin war mein'r Großmuatt'r ihr Lieblingssohn ond daurom haut sie angekündigt, daß es an deam Martinstag, was bis dau na no nia d'r Fall war, a Martinsgans gibt. Daudrüb'r bi i it schlecht verschrocka, weil ont'r deane sechs Gäns, dia mei Großmuatt'r jedes Jauhr auf Weihnachta groaßzoga ond g'mäschtat haut, mei Lieblingsgans Gretl war. Dia Gans isch unheimlich an mir g'hangat ond isch mir auf Schritt ond Tritt nauchg'laufa, während mi dia andere fünf bei jed'r Gelegenheit a'packt hand. Wenn i von d'r Schual hoimkomma bin, bin i z'erscht zua mein'r Gretl ganga ond hau dia begrüßt ond g'schtreichlat. Wenn i mei Aufgab g'macht g'hett hau, nau hau i mei Gretl, dia auf mi scha g'wartat haut, hoile mit Weizenkörn'r g'fuattrat. Von deane Weizenkörn'r hau i mir jed'n Tag beim Nauchbau'r deana en Hosasack voll ausgeliehen. Koi Wund'r, daß mei Gretl die schönschte ond schwerschte von deane sechs Gäns war. Mit oim Wort a „Prachtmädle".

Wia i an deam Samstag voar meim Namenstag von d'r Schual
hoimkomma bin, hau i g'schpürt, daß ebbes Furchtbares passiert
isch. Mei Gretl war nomma dau. Sie isch toat ond pudlnackat in
Großmuatt'rs Kell'r g'leaga. Wenn i dös rückgängig macha hätt
könna, hätt i auf da B'suach ond auf mei Tafl Schoklad verzichtat
– – ond dös will was hoißa. Ausgerechnet mei Gretl haut es sei
müassa, ab'r für ihren Bua war mein'r Großmuatt'r 's Beschte
grad guat g'nua. Obwohl ma mi von alle Seita tröschtet haut, hau i
mi auf gar nix meah fraia könna.

Ganz in d'r Nähe von ons'rm Haus, bloß üb'r d'r Strauß deana,
war die sogenannte Zigein'rwies. Auf dean'r Wies hand fascht 's
ganze Jauhr üb'r d' Zigein'r in ihre Zigein'rwäga g'leabt ond
g'hausat. 's Wass'r, dös sie braucht hand, hand sie in Großmuatt'rs Kell'r hola derfa. Dös haut na d' Großmuatt'r persönlich
erlaubt. Dau isch es natürlich it ausblieba, daß i au a'maul in so en

Zigein'rwaga neiguckat hau. Dös war für mi hochinteressant. Oin'r von deane Zigein'r haut mir a Zaub'rkunschtstückle zoigat. Er haut a guata Taschauhr mit ma schwarza Tuach zuadeckt ond haut dia nau zertrümm'rt. Ab'r scha so gründlich, daß d' Fead'r ond d' Rädla von dean'r Uhr oinzeln romg'leaga sind. Nau haut er dia kaputte Uhr mit deam schwarza Tuach meah zuadeckt, haut en Zauberspruch g'sait, dean i it verschtanda hau, haut dös schwarze Tuach wegg'nomma ond die gleiche Uhr isch wia frisch aus'm Lada meah daug'leaga. Dös war für mi wia a Wund'r. I hau mir fescht voarg'nomma, dös Zaub'rkunschtstück a'maul an Vat'rs guata Firmungsuhr auszomprobiera. Für dean Fall haut der Zigein'r mir sein Zaub'rschpruch aufg'schrieba.

Wia i mei Gretl mit meine verheilate Auga so a'guckat hau, isch mir plötzlich der Zigein'r ei'g'falla. I hau mir denkt, wenn der a total kaputta Uhr meah herrichta ka, nau muaß der au mei Gretl meah leabendig macha könna. Der Gedanka haut mi nomma losglau. Wia es dussa langsam nacht woara isch ond wia nau mei Großmuatt'r auf da Bah'hof ganga isch, om ihren Bua abzomhola, hau i in ma günschtiga Moment mei Gretl g'nomma ond bin mit ihr zua deam Zigein'r ganga. I hau deam v'rzählt, daß dös mei Lieblingsgans isch ond er soll se doch meah lebendig macha. I wollt glei d'rauf warta ond sie lebendig wied'r mitnehma. Ab'r der haut g'sait, in deam Fall ging dös it so schnell wia mit r'r Uhr, weil ja a Gans viel gräß'r sei ond er müßt sie scha mindestens üb'r d' Nacht daub'halta. Weil i g'wißt hau, daß d' Großmuatt'r, wenn d'r B'suach dau isch, heit nomma nauch d'r Gans guckat, hau i mei Gretl ruhig üb'r d' Nacht bei de Zigein'r lassa könna.

Wia i am nägschta Morga, an meim Namenstag, freudestrahlend auf d' Zigein'rwies ganga hau wolla, om mei lebendige Gretl zom hola, hau i erschrocka feschtg'schtellt, daß d' Zigein'r mit Sack ond Pack futtzoga sind. Sie müaßat no in d'r Nacht aufbrocha sei. Mei Muatt'r haut sie sogar no g'härt, wia sie an ons'rm Haus voarbeig'fahra sind. Heilig'r Martin hilf mir!

Dau isch mir nix anderes übrigblieba, als wia mein'r Muatt'r zom Beichta was i a'g'schtellt hau. Dia haut mir an meim hochheiliga Namenstag z'erscht mein Hintara versohlt, dauher die Träna an meim Namenstag, ond nau haut sie 's mein'r Großmuatt'r schonend beibraucht. Wia mei Großmuatt'r nau ihren Bua g'fraugat haut, was er sich an seim Namenstag auß'r ma Gansbrauta wünsch, haut er g'sait: „Am liabschta Krautkrapfa, weil dia mei Theres oifach it macht." Dia haut er au kriagt ond mir drei Kind'r hand von ihm, wia allaweil, oi Tafl g'füllta Schoklad mitanand'r kriagt. Auf dös na haut es mi sogar no g'frait, daß dös mit mein'r Gretl so nausganga isch. Für oi Tafl Schoklad a ganza Gans, dös wär a'weng viel g'wea, wo doch bekanntlich d'r g'füllte Schoklad d'r all'rbilligschte isch.

Mei Zaub'rkunschtstück mit Vat'rs guata Firmungsuhr isch übrigens schiaf ganga. Dau muaß mir der Zigein'r da falscha Zaub'rschpruch aufg'schrieba hau, denn sonscht hau i alles genau so g'macht wia er.

I als Geig'r

1925 war a Jauhr, wo ma mir die erschten Pflichten auferlegt haut. An Weihnachta 1924 haut mir 's Chrischtkind, i bin daudrüb'r saumäßig verschrocka, a Geig braucht. I hätt solla unbedingt a Musikinstrument lerna, wo doch bis auf d' Katz 's ganze Haus unmusikalisch g'wea isch. Mei groaßa Schwescht'r isch auf dia Idee mit'r Geig' komma. So hau i also in d' Violinstunda ganga müassa. Bei de ganze, halbe ond viertls Nota isch es ganz guat ganga. Ab'r nau sind d' Achtlnota ond d' Sechzehntlnota komma. Weil mei Musiklehr'r a ganz narrat'r Siach war, der glei g'schria ond tobt haut, wenn oim a falsch'r Ton auskomma isch, isch es mit mein'r Fraid it weit her g'wea. Mi hätt ma zart a'packa müassa, ab'r it a so. Wia nau dia vier Kreuz, dia vier B ond d' Dopplgriff komma sind, isch mei Abneigung allaweil greaß'r woara; auß'rdem haut so a Schtund zwoi Markt koschtat, dia sich d' Muatt'r vom Mund abschpara haut müassa. Weil mei Vat'r, wenn i dau-

31

hoim g'üabt hau, allaweil g'sait haut: „Bua här auf, dös lernescht du nia", isch mir a Gedanka komma. I hau mir denkt, wenn i koi Geig meah hau, nau brauch i au nomma in d' Violinschtunda ganga. Eines Tages war halt koi Geig meah dau. Dau sind grad Zigein'r dau g'wea ond dia hand müassa schuldig sei. A Zeit lang hau i mei Ruah g'hett, ab'r nau isch Weihnachta 1925 komma ond i hau g'moint, i sieh it richtig, isch wied'r so a Bluatsgeig unt'rm Chrischtbaum g'leaga. Dia Geig hau i heit no, sie liegt ab'r scha mehr als vierz'g Jauhr auf'm Speich'r doba ond wartat auf ebb'rn, der sie a'maul spielt.

Mei zwoita Pflicht, dia ma mir 1925 auferlegt haut, war a ganz andara. Dia haut mir dortmauls no mehr zuag'setzt, als wia 's Violinspiela. Jed'n Mittwoch ond Samstag, wo am Nachmittag Gott sei Dank koi Schual war, haut mi mei Großmuatt'r ei'g'schpannt. Dia isch leidenschaftlich geara ins Holz g'fahra ond dau hau i mitmüassa. Daumit sie sich beim Hoimfahra mit'm vollg'ladana Schuabkarra leicht'r doa haut, hau i vornadana mit ma Strick kräftig ziah müassa. Sie haut behauptat, sie dät dös merka, wenn i kräftig ziah. I muaß zua mein'r Schand ei'b'schtanda, daß i dös it allaweil doa hau. I hau manchmaul, wenn i an meine Freind denkt hau, dia in d'r gleicha Zeit, wo i mit d'r Großmuatt'r ins Holz fahra hau müassa, Räub'r ond Schantes od'r Fuaßballspiela hand könna, so en Sauzoara kriagt, daß i da Zugstrick oifach hau so hanga lau. Dau haut es nau scha passiera könna, daß mi mei Großmuatt'r g'schimpft haut.

Heit, wo i alt g'nua bin, bin i mein'r Großmuatt'r dankbar, daß sie mi zua so r'r Waldkatz erzoga haut. Im Somm'r, wenn es richtig hoiß war, haut d' Großmuatt'r, wenn 's Holz abg'lada ond d'r Schuabkarra wied'r in d'r Hütte war, ihr ond mir Bierbrocka g'macht. Bierbrocka werdat so g'macht: Drei Schoppa Bier in a groaßa Porzellanschüßl nei. A paar richtige Eßlöffl Zuck'r d'rzua ond nau zwoi bis drei Wecka nei'brocka, aufwoicha lau ond nau langsam ond mit Andacht rauslöffla. I sag ui, dös isch a Gedicht. I mach im Somm'r, wenn es recht hoiß isch, ab ond zua no Bierbrocka ond jedesmaul denk i daubei an mei Großmuatt'r. Bloß roicht iatzt a Halbe ond zwoi Wecka.

Alles Gute kommt von oben

1927 war für mi koi guates Jauhr. Am erschta Tag von de Groaße
Ferien haut es mi so verd'wischt, daß i sechs Wucha lang krank
war ond die moischte Zeit im Bett verbringa hau müassa. Dös war
a so: Am erschta Tag von de Ferien hau i mit a paar Freind probiera wolla, wia weit d' Birna auf'm Baum doba scha sind. Ob ma's
scha essa ka. Der fragliche Birnbaum isch fascht direkt an ma hoa-
ha Haus g'schtanda. Ond dau isch nau oin'r von ons auf dia Idee
komma, mit r'r langa Stang a paar Birna ra'zomschlaga. Weil ab'r
dia Schtang arg schwer war, haut sie der sell Bua, es war d'r Robert, it verhebt ond haut sie aufs Hausdach falla lau. Dös wär it so
schlimm g'wea, wenn sie it a Dachplatt ins Rutscha braucht hätt. I
bin unt'rm Hausgiebl g'schtanda ond hau daudrauf g'wartat, daß
die erschte Birna ra'kommat. Momentan hau i g'moint, es sei mir
a groaßa Birn auf da Kopf g'falla; ab'r es war ausgerechnet dia
oine Dachplatt, dia ins Rutscha komma isch. Dia Dachplatt haut
auf meim Kopf solche Spura hint'rlassa, daß ma mit mir zom
Dokt'r haut ganga müassa. Doch zuvoar haut mir mei Muatt'r, dia
koi Bluat seah haut könna, mein Hintara versohlt. Nau erscht isch
mei Großmuatt'r mit mir zom Sanitätsrat ganga. Der haut mir als
Erschtes a halbes Pfond Jod in mei Wunde, dia so groaß ond tiaf
war, daß er sein ganza Dauma haut neilega könna, nei'g'schmiert
ond nau haut er mei Wunde mit vier Stahlklammra zuaklammrat.
Am Schluß haut er mir da Kopf ei'bonda, daß bloß no meine Oahra, d' Näs, d'r Mund ond mei Keaza (Kinn) rausguckat hand. Nau
isch es auf wacklige Füaß hoimganga ins Wuchabett. Es war, wia
ma erscht viele Jauhr schpät'r feschtg'schtellt haut, a Schädl-
bruch. Meine Freind hand sich oft om ons'r Haus romtrieba.
Rei'traut haut sich koin'r. Em Robert sei Muatt'r, dia a kloines
Lädale g'hett haut, haut mir öft'rs a G'schtättale voll'r roat'r Him-
beerguatzala braucht.

Wia ma mir oin Tag, bevoar d' Schual meah a'ganga isch, mein
Kopfverband weggnomma haut, hau i koi Haur meah auf'm Kopf
g'hett. Dia sind mir in deane sechs Wucha alle ausganga g'wea. 's

All'rschlimmschte kommt ab'r erscht no. Dia vier Klamm'ra, dia in deane sechs Wucha mei Wunde zuag'halta hand, sind so richtig fescht ei'g'wachsa g'wea. D'r Herr Sanitätsrat haut dia mir bei vollem Bewußtsein rausg'hollat. Was dös vier Maul für a wund'r-bares Gefühl war, dös ka i mit Wört'r gar it beschreiba. I hau kaum en Laut von mir geaba. I hau während mein'r Krankheit a paar Karl-May-Büach'r g'leasa ond von dauher hau i g'wißt, was tapf'r sei hoißt. Der Herr Sanitätsrat haut mir für mei tapferes Aushalta a Mark g'schenkt. Er hätt mir ruhig für jeda Klamm'r a Mark geaba derfa.

Wia dia Birna reif warat, sind se von selb'r rag'falla.

Der Fassonschnitt

I war scha als Bua mit zeha Jauhr bei de Geräteturn'r. I war d'r Kloinschte ond hau bei d'r Männ'rriege, wenn dia a Pyramide baut hand, mitmacha derfa. Wenn d' Pyramide g'schtanda isch, nau bin i allaweil als Letzscht'r ganz oba nauf. Wenn i doba war, nau hand d' Leit klatscht ond hand bravo g'schria. I hau g'moint, sie klatschat weaga mir, ond daudrüb'r war i all recht stolz. Im Jauhr 1928 war a groaßes Turnfescht mit ma richtiga Feschtaubad im Stadtsaal. Ma haut fleißig probt ond alles haut klappt. Oin Tag voar'm Feschtaubad haut mei Muatt'r feschtg'schtellt, daß ma mir d' Haur schneida muaß. Weil ma in deam Fall sparsam war, haut mir d'r Vat'r allaweil d' Haur g'schnitta. Bisher allaweil en richtiga Kahlhieb, weil dös am leichteschta ganga isch. Iatzt für dean Feschtaubad haut mei Muatt'r g'moint, soll mir d'r Vat'r en scheana Fassonschnitt macha. I muaß dauzua saga, daß mei Vat'r koi Frisör war, der war Beamt'r beim Finanzamt. Er haut lang an mir romg'schnipflat, ab'r es isch alles bloß koi Fassonschnitt woara. „So ka ma da Bua it ganga lau", haut mei Muatt'r g'sait, „der sieht ja her, als wenn ihm du d' Haur mit d'r Heckascheer g'schnitta hättescht." Dau isch nau em Vat'r nix anderes übrigblieba, als mir d' Haur so wia allaweil zom schneida. I hau herg'seah, daß i mir selb'r leid doa hau. An deam fraglicha Feschtaubad bin i, so wia mirs wuchalang probat hand, jedesmaul als Letzscht'r auf d' Pyramide nauf. Jedesmaul, wenn i ganz oba war, haut mi d'r Schei'-werf'r voll erfaßt. D' Leit hand g'lachat, klatscht ond bravo g'schria ond i hau mi so g'schämt, daß i am liabschta in da Boda nei versonka wär. I hau dös Gefühl g'hett, daß mi d'r ganze Saal weaga mein'r Glatze auslachat. Von deam Tag a bin i auf koi Pyramide meah oba nauf, denn d'r Vat'r haut mir aus Sparsamkeitsgründen weit'rhin d' Haur g'schnitta; jedesmaul a wund'r-scheana Glatze. Bloß bei d'r Kommunion ond bei d'r Firmung isch ma mit mir zom Frisör ganga.

Mein erster Liebesbrief

1932 haut es in mir ganz schea brodlat ond gärt. Dau war i eines Tages in oina, dia mindeschtens zeha Jauhr ält'r war wia i, unsterblich verliabt. In deam Zuaschtand hau i mi nag'setzt ond hau an sie en Briaf g'schrieba. Es war mei erscht'r Liebesbriaf. I hau g'schrieba:

Liebe Maria!

Du wirst erstaunt sein, von mir einen Brief zu bekommen. Ich habe es mir lange überlegt, ob ich es Dich wissen lassen darf, wie sehr ich Dich liebe. Aber ich kann es nicht mehr verheben. Ich muß es Dir sagen. Nun weißt Du es. Wenn ich auch noch sehr jung bin, so weiß ich es heute schon, daß ich Dich einmal heiraten werde. Du kannst Dich ganz fest auf mich verlassen.

Ich werde einmal ein Imker, das Rauchen kann ich schon. Von den vielen Bienen und von dem vielen Honig können wir dann ganz gut leben. Wir müssen nur aufpassen, daß wir, wenn die Bienen schwärmen, sie auch wieder einfangen; sonst ist der ganze Schwarm für immer dahin. So wie der Schwarm von meinem Nachbarn, den eine auf seinen Eiern hat sitzen lassen; der hat näm-

*lich eine Hühnerfarm und sucht eine Frau für sich und für seine
Hennen. Meistens hängt er auf einem Baum – der Schwarm, von da
man ihn wieder abholen kann. So wie die Bienen schwärmen, so
schwärme ich für Dich, Du meine Bienenkönigin. So süß wie der
Honig ist, soll unser ganzes Leben sein. Soviel wir einmal Bienen-
völker in den Bienenstöcken haben, soviel Kinder will ich einmal.
Die muß man mit verschiedenen Farben anstreichen, damit sie,
wenn sie vom Honigsammeln kommen, in die richtigen Bienen-
stöcke hineinfliegen. Natürlich die Bienen, nicht die Kinder.*

*Wenn in unserem Garten die Bäume blühen, dann wummelt es
von lauter Bienen. Dann summt es von der Früh, bis die Sonne un-
tergeht. Zugleich befruchten die Bienen die Blüten. Daraus entste-
hen dann die Äpfel, Birnen, Kartoffeln und so weiter. Wenn es reg-
net, dann summt es nicht. Dann sind die Bienen zuhause und
schleudern ihren Honig. Wenn der Honig geschleudert ist, dann
kann man ihn in Gläser abfüllen und verkaufen.*

Liebe Maria!

*Wenn unsere Zukunft auf Blüten und Honig aufgebaut ist, dann
muß sie herrlich und süß sein. Wenn die Zukunft einmal da ist,
dann frage ich Dich, ob Du meine Bienenkönigin werden willst.
Wenn Du dann willst, dann will ich schon lange, doch vorher muß
ich noch die Buchführung erlernen, weil man die für ein eigenes
Geschäft unbedingt braucht.
Ich grüße Dich recht herzlich.*

      Dein Dich innig liebender Martin

Anmerkung:

*A Imk'r bin i it woara ond gar so süaß isch mei Zukunft au it woara.
Dau war manch Bitteres ond Saueres. Bienavölk'r, will saga Kind'r,
hau i bloß zwoi, doch dia sind scha längscht ausg'schwärmt.*

*'s All'rnetteschte isch ja dös, daß dia, an dia i mein erschta Liabs-
briaf g'schrieba hau, ausgerechnet mein Nauchbau'r, dean mit d'r
Hühn'rfarm, g'heirat haut. So sind wir weanigschtens Nauchbaura
woara. Als i wirklich g'heirat hau, haut sie mir als Hoachzeits-
g'schenk a Pfond Bienahonig ond a Dutzat Oi'r g'schenkt. Ond
dös war ebbes 1945.*

Drei Stunden schwerer Kerker

1931 war i scha im dritta Lehrjauhr ond hau scha Bestellunga, dia ei'ganga sind, selbständig erlediga derfa. Dau bin i zom erschtamaul mit BHS in Berührung komma. Mit d'r Schreibmaschin bin i au scha ganz guat z'recht komma. Dau isch mir au d'r erschte Bart g'wachsa. Weil i mi dauhoim schiniert hau, hau i mi im G'schäft hoile trucka rasiert. Dau bin i all mit ma G'sicht rom-'gloffa, als wenn i d'Masern hätt. 1931 bin i an de Sonntag no in d' Chrischtalehr ganga. Von halba Zwoi bis halba Drui. Dau isch ma in d'r Kirch no öffentlich ausg'fraugat woara, sodaß es dia alte

Beatnoppla mitkriagt hand, wer ebbes woiß ond wer it. Ond daufür hand sich dia gewaltig intressiert. Es haut scha passiera kenna, trotz meim Eins'r in d'r Religion, daß i a'maul a Fraug üb'rhärt hau. Nau war i mit meim Kopf ond mit meine Gedanka bei oin'r von de Mädla, dia auf d'r linka Seita g'sessa sind ond dean'r i schnell zuablinslat hau. A oinziges Maul hau i d' Chrischtenlehre g'schwänzt ond bin mit de Fuaßball'r auf Günzburg g'fahra. Es isch natürlich aufkomma ond aus deam Grund bin i mit zwoi andere, dia au g'fehlt hand, voar da Kircharat g'lada woara. Weaga ons drei Buaba sind sechs erwachsane Mannsbild'r, dauront'r d'r Herr Pfarr'r ond d'r Herr Bürg'rmeischt'r, zämakomma. Die andere zwoi Chrischtalehrschwänz'r sind gega mi billig wegkomma. I, der in deane zwoi Jauhr a oinziges Maul g'fehlt haut, bin zu drei Schtunda schweren Kerker verurteilt woara, weil i a'weng voarlaut war ond weil i zom Bürg'rmeischt'r ebbes g'sait hau, was i it saga hätt solla. An Christi Himmlfahrt 1931 hau i im Rauthaus mei Strauf a'treta müassa. Ma haut mi in en Raum neig'schperrt, der vergitt'rt war. Voarher haut mir d'r Schutzmann Winkl'r no meine Hosaträg'r abg'nomma, daumit i mi it aufhänga ka. Meine Freind sind ab ond zua am Rauthaus voarbeiganga ond hand pfiffa, daumit i g'wißt hau, sie wartat auf mi. Punkt Fünfa bin i wied'r rauskomma.

Für dia drei Schtunda haut oin'r a paar Tag spät'r, voarher wärs it ganga, weil Vollmond war, beim Bürg'rmeischt'r drei Fenscht'rscheiba neig'worfa; für jeda Stund oina. I mächt bloß wissa, wer dös war.

Der Tipfehler

Mei Vat'r war langjährig'r Schützameischt'r ond Voarschtand vom Schützaverein. I sieh ihn heit no dauhoim in d'r Stub od'r im Garta hin- und herganga ond sei Red auswendig lerna. In der Zeit, wo er a Red aufg'setzt od'r auswendig g'lernat haut, hand mir Kind'r ihm aus'm Weag ganga müassa. Dau war er ungenieß-bar. An oi Red ka i mi heit no erinn'ra, denn dia hau i ihm auf d'r Schreibmaschin abschreiba müassa. I war im dritta Lehrjauhr ond hau scha ganz flott schreiba könna. Es war a ausgesprochen guate Red, dia er aufg'setzt haut ond i hau mi au bemüht, so weanig als möglich Tipfehl'r zom macha. I woiß it, warom mei Vat'r sei Red it auswendig g'lernat, sond'rn vom Blatt weg g'leasa haut. Es war übrigens sei letzschta Red. Nauch der haut er nia wied'r oina g'halta ond sein Vorschtand ond Schützameischt'r haut er zur Verfügung g'stellt.

Wia es soweit war, d'r Saal war ei'druckt voll, d' Musik haut zu-vor no en schneidiga Marsch g'schpielt, isch mei Vat'r auf d' Büh-ne naufganga, haut sei Red aus d'r Kittldäsch rausg'nomma ond haut nau mit erhobener Stimme g'leasa:

„Meine lieben Schützenbrüder aus nah und fern. Ich begrüße sie alle recht herzlich. Ganz besonders darf ich den sehr verehrten Herrn Landrat grüßen, der die Schirmherrschaft übernommen hat und der das diesjährige Jubiläumsschießen, hoffentlich mit einem wohlgezielten Meisterschiß, eröffnen wird."

Dös war mei oinzig'r Tipfehl'r. D'r ganze Saal haut brüllt voar Lacha. Zua mein'r Entschuldigung derf i saga, daß auf d'r Schreibmaschin 's u ond 's i neabaanand'r liegat. Mir haut mei Vat'r prophezeit, daß aus mir nia ebbes Richtiges wird. Wia recht er daumit g'hett haut. Von mein'r Muatt'r hau i für dean Tipfehl'r zwoi Mark g'schenkt kriagt.

I als Olympiakandidat

Im Jauhr 1935 haut ma im Hinblick auf d' Olympiade in ganz Deutschland „den unbekannten Sportler" g'suacht. I hau mir denkt, vielleicht bin i der unbekannte Sportler, der im nägschta Jauhr bei d'r Olympiade in Berlin d'rbei isch. Mei Ziel war g'schteckt. Als Erschtes hau i meine Eßgewohnheiten omg'schtellt. Von deam Tag a, wo i mi entschlossa hau, a Olympiateilnehm'r zom werda, hau i, i woiß nomma wer mir dös empfohla haut, jed'n Mittag ond jed'n Aubad en Riesentell'r Milchreis gessa. Wuchalang bloß en Milchreis. Dauhoim hand sie scha befürchtat, i sei nomma ganz recht. Meine sportliche Leischtunga sind tatsächlich bess'r woara. Vom ma Leichtathletiksportfescht in Günzburg hau i vier Preis mithoimbraucht. Zwoi erschte, en zwoita ond en vierta Preis. Ond dös alles barfuaß, richtige Sportschuah (Spikes) haut ma doch it vermögt. I war mir bloß noit sich'r, in welch'r Disziplin i in Berlin mitmach. Beim Hund'rt ond Zwoihund'rtmet'rlauf hand mir allaweil no a paar Sekunda, beim Hochsprung a paar Dezimet'r ond beim Weitsprung a paar ganze Met'r g'fehlt. So hau i mi a Zeit lang auf d' Mittlstrecke verlegt, ab'r dau war es it bess'r. So isch mir bloß no d'r Langlauf übrigblieba. Aubad für Aubad bin i in der Zeit, wo i koine Üb'rschtunda macha hau müassa, in da Laubgang nausganga ond hau dau trainiert. I bin so oft hin- ond herg'schprunga, daß i's schier nomma verschnaufat hau. Wia i mi in der Zeit a'maul zua ma 10 000 Meterlauf g'meldat hau, hau i, daumit i möglichscht leicht lauf ond schnauf, drei Täg voarher nix meah gessa. A Schtond voar deam 10 000 Meterlauf hau i so en Hung'r kriagt, daß es mir voar de Auga ganz schwarz woara isch. So ka i it laufa, hau i mir denkt ond hau nau no schnell a richtiga Brotzeit, bestehend aus drei Paar Schübling ond zwoi Halbe Bier, g'macht. Nau bin i g'schtartat. Wia i meah ans Ziel komma bin, war d' Preisverteilung scha lang voarbei.

Am Schluß von meim Olympiawahn hau i en Herzfehl'r g'hett, so groaß wia a Windmühle. Bei d'r Musterung bin i desweaga bloß tauglich II woara. Dös war a Schand.

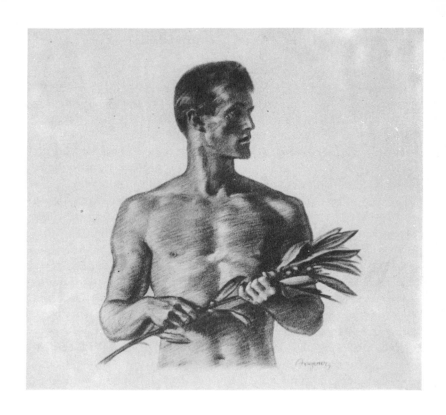

N. B.: Oin hätt i während mein'r aktiva Sportl'rlaufbahn fürchtig geara a'maul dupft ond zwar da Mayer Willy, aber der war allaweil schnell'r, höh'r ond weit'r als wia i, obwohl i d'r Olympiakan-
didat war.

Bei den Gebirgsjägern

Am 2. Oktob'r 1937 bin i als angehend'r Gebirgsjäg'r z' Füassa auf'm Bahhof g'schtanda ond hau mit viele andere daudrauf g'wartat, daß mir von a paar Ob'rjäg'r in onsere Kaserna geleitet werden. Am nägschta Morga beim Uniformfassa isch es scha losganga. I hau g'moint, i könnt meine Bergstiefl in aller Ruhe raussuacha. Dau hau i mi schwer täuscht. Dau isch mir plötzlich a Paar schwere Bergstiefl om d' Oahra g'floga, daß i bloß so guckat hau. Dös Wort „paßt" hau i so oft g'härt, daß i es glei selb'r glaubt hau, daß es paßt. I hau Schuahnomm'r 41½, Größe 44 hau i kriagt. D'r Stahlhelm isch mir weit üb'r d' Oahra ganga ond beim G'wehr, dös mir kriagt hand, haut es g'hoißa, das sei die Braut des Soldaten. I hau voarher au scha a paar Mädla kennag'lernat g'hett, ab'r koina mit ma Stahlschloß. Beim erschta Antreta haut mi d'r Herr Hauptmann voartreta lau ond haut mein Haarschnitt als vorbildlich bezeichnat. Der war freilig voarbildlich, weil mi mei Vat'r da Tag voar'm Ei'rucka zom letzschta Maul kahl g'schoara haut.

Am 24. Oktob'r bin i auf'm Kasernahof g'schtanda ond hau mit de oine Rekruta 's Kommandiera geübt. Zom Kommandiera hau i als Rekrut woiß Gott no nix g'hett, ab'r dös haut halt au zur Ausbildung g'härt. I hau feschtg'schtellt, daß i zom Kommandiera a kräftiga Schtimm hau. Doch je laut'r i kommandiert hau, omso weanig'r haut mi d'r Herr Feldwebl g'härt. Der isch guate hond'rt Met'r von mir entfernt g'schtanda ond haut all wied'r g'schria: „Jäger Egg, ich höre sie nicht. Sie piepsen nur." Je mehr i mi stimmlich a'g'schtrengt hau, so, daß mir glei d' Halsaudra a'-g'schwolla sind, omso weanig'r haut der Simpl von ma Feldwebl von mir g'härt. Mindestens a Dutzat Maul haut er sich üb'r mi luschtig g'macht. Ond was der mi alles g'hoißa haut. Wia er beim dreizehnta Maul wied'r g'schria haut: „Jäger Egg, sie haben eine Stimme wie ein Maulwurf", isch mir d'r Gaul durchganga. I hau mit Fleiß halblaut kommandiert, it „ganze Kompanie marsch", sondern a biaßle verstümmelt: . . . miii l. am Arsch! Daud'rauf war es ringsrom mäuslestill. Ma haut die oinzelne Blätt'r falla hära. I hau mir denkt, wenn d'r Feldwebl bisher von mir nix g'härt haut, wo i mi tatsächlich a'g'schtrengt hau, nau haut er dös gedämpfte Kommando erscht recht it g'härt. Dau hau i mi ab'r täuscht. Der isch zua mir hergrast, haut sich fünf Zentimet'r voar mir aufbaut ond haut mi a'brüllt: „Was erlauben sie sich! Was haben sie soeben gesagt? Ich lasse sie einsperren! Wiederholen sie es noch einmal!"

Die andere Rekruta, dia auf'm Exerzierplatz warat ond dia alle deutlich g'härt hand, was mir dau rausg'rutscht isch, hand alle Blickrichtung zua ons zwoi g'nomma ond warat g'schpannt, was iatzt wohl kommt.

„Herr Feldwebel" hau i g'sait, „ich habe kommandiert – ganze Kompanie marsch!"

„Mensch lügen sie nicht, ich habe was ganz anderes gehört."

„Dann haben sie sich verhört Herr Feldwebel", hau i daud'rauf g'sait ond hau ihn daubei ganz unschuldig a'guckat.

„Das werden wir gleich haben", haut er wied'r g'sait ond haut alle Mann a'treta lau. Wia er nau alle Mann voar sich g'hett haut, wollt er von deane wissa, was sie gehört haben. Dau war er nau sprachlos, daß alle ohne Ausnahme schwerhörig warat ond daß koin'r ebbes g'härt haut. „Wenn das so ist", haut er bloß g'sait, „dann weiß ich etwas Besseres." Nau haut er ons alle so lang om da Kasernahof mit „hinlegen!" „auf, marsch, marsch!" „hinlegen!" „auf, marsch, marsch!" romg'jagt, bis ons d' Zong hintanaus g'hangat isch. Weil der gar nomma g'nua kriagt haut ond weil mir meine Kamerada leid doa hand, hau i Schluß g'macht. I bin plötzlich zämag'sackt ond bin wia a Toat'r liega blieba. Dau isch er nau wutschnaubend zua mir hergrast ond wollt mi meah auf d' Füaß bringa. Wia er mir nau no mit seine Stiefl hintanei trappat isch, hau i mir 's ganz gleiche denkt, was i kurz voarher kommandiert hau.

Mi haut er auf jed'n Fall nomma auf d' Füaß braucht, ond wia nau a Rekrut, der voar seim Ei'rucka Medizin studiert haut, laut g'sait haut: „Herr Feldwebel, so wie der Mann daliegt, sieht es nach einem schweren Herzkollaps aus" ond a anderer, der Jura studiert haut, no ergänzt haut: „Wenn der Mann stirbt, dann gibt das ein gerichtliches Nachspiel", isch d'r Feldwebl daug'schtanda, daß er mir leid doa haut. I wär am liabschta aufg'schtanda ond weit'r g'schpronga, ab'r dös hau i mir ond meine Kamerada it a'doa derfa. So hau i mi nau ganz behutsam ins Revier traga lau. D'r Herr Ob'rstabsarzt, der mi am gleicha Tag no ont'rsuacht haut, haut bei mir einen schweren Herzklappenfehler feschtg'schtellt. Er haut sich g'wundrat, daß i mit deam Fehl'r üb'rhaupt ei'zoga woara bin. Er haut mir zwoi Wocha äußerste Bettruhe verordnet. Dia zwoi Wocha hau i auf dös „hinlegen" „auf, marsch, marsch" au verdient.

Wia mi am Aubad d'r Feldwebl b'suacht haut ond sich neababei erkundigt haut, ob ich über den Vorfall eine diesbezügliche Meldung zu machen gedenke, oder diese Meldung bereits gemacht habe, hau i zu ihm g'sait: „Herr Feldwebel, seien sie unbesorgt, ich habe nicht die Absicht eine Meldung zu machen. Erstens habe ich den Vorfall bereits vergessen und zweitens habe ich, was sie nicht wissen konnten, einen schweren Herzklappenfehler."

Daud'rauf haut er sichtlich erleicht'rt zua mir g'sait: „Jäger Egg, sie sind ein feiner Kamerad und jetzt bin ich mir auch ganz sicher, daß sie nicht „leck mich am Arsch", sondern daß sie „ganze Kompanie marsch" kommandiert haben." Nauch mein'r Entlassung aus'm Revier bin i auf d' Schreibstub abkommandiert woara.

Auf Neujauhr hau i zom erschta Maul hoimfahra derfa. In Kaufbeura war Aufenthalt ond dau sind mir Urlaub'r a'weng spazieraganga. In onser'r Gebirgsjäg'r-Ausgehuniform warat mir schneidige Soldata. Beim Spaziereganga sind mir an en Luftwaffaoffizier na'g'laufa. Mir hand ons denkt, mir Gebirgsjäg'r hand es doch it nötig, dean Luftwaffaheini zom grüaßa. Dau hand mir ons gewaltig täuscht. Der haut es ons zoigat, wia ma en Luftwaffaoffizier grüaßt. Dös hätt sich ja no macha lau, ab'r er haut ons au no da Urlaubschein abg'nomma ond haut ons in onsere Kaserna, z'rück nauch Füassa, g'schickt. Am nägschta Tag haut a jed'r von ons Betroffene sein Urlaubschein meah g'hett; i war doch it omasonscht auf d'r Schreibschtub.

Der Prachtochse

Dau bin i in d'r Besoldung om oi Schtufa bess'r g'schtellt woara. Mei Gesuch om Gehaltsaufbesserung hau i scha voar zwoi Jauhr ei'g'reicht; so lang haut dös daurat, bis es aus d'r Schublad von meim Chef voar da Verwaltungsrat komma isch. I hau mi nauch zwoi Jauhr au no g'frait. Om zwölf Mark hau i mehr verdient, dös war a Summe, daß i mir wied'r a'maul 's Heirata üb'rlegt hau. In der Zeit wär mir beinah ebbes Saudommes passiert. In Krumbach war Viehmarkt ond dau hand se ont'r anderem en Prachtochsa verschteigrat. In der Zeit haut es no en Haufa Prachtochsa geaba. I bin d'rbeig'schtanda ond hau mitang'härt, wia zäh d'r Preis nauch oba ganga isch. Es war wirklich a Prachtochs ond d'r Verschteiger'r haut ihn it g'nua loba könna. Weil es bei vier-

46

hund'rt Mark koin Ruck'r meah weit'rganga isch, wär der Ochs, der mindeschtens neunhund'rt Mark bringa hätt solla, beinah om vierhund'rt Mark wegganga, wenn it i voar laut'r Üb'rmuat „sechshundert" g'schria hätt. Dau hand sich alle Köpf nauch mir dreht, sie hand g'moint, i däb dean Prachtochsa für mei Bank ei'schteig'ra, ab'r dau hand mir wirklich koin weitara braucha könna. I hau koine drei Mark im Sack g'hett, geschweige sechshund'rt. Mir isch es scha ganz zwoi'rloi woara, wia auf dös na koi Mensch meah weit'rg'schteigrat haut ond d'r Verschteiger'r ganz ernschthaft g'schria haut: „Sechshundert Mark zum Ersten, sechshundert Mark zum Zweiten, sechshundert Mark zum . . . . . . !" I wollt mi daudrauf nausreda, daß dös von mir bloß a G'schpaß g'west sei ond daß i mit ma Ochsa ja gar nix a'fanga ka. Ab'r dau bin i ganz schlecht wegkomma. Dau hau i schnell und inbrünstig zom Heiliga Antonius beatat, daß der oin findat, der mi üb'rbiatat – – ond der haut mir tatsächlich g'holfa. Seit deam verehr i da Heiliga Antonius ganz besond'rs. „Sechshundertfünfzig" haut mi oin'r üb'rbota ond am Schluß isch der Prachtochs no auf neunhund'rt komma. Dau hau i wied'r a'maul en Schutzengl g'hett.

Die Försterin

1942 isch es mir, trotz Kriag, mehr als wia guat ganga. Dau bin i nauch Z. versetzt woara. In de Wint'rmonat hau i, weil i it täglich hoimfahra hau wolla ond könna, bei ma Förscht'rsehepaar g'wohnt. D' Förschterin haut mi so verwöhnt, daß i in der Zeit, i schäm mi dös zom saga, zeha Pfond zuag'nomma hau. Dau hau i au zom erschta Maul in meim Leaba en Aufbruch gessa. Zua der Zeit haut sich in de Wäld'r a Wildsau romtrieba, dia ausgerechnet mei Förscht'r, wia sait ma doch so schea, zur Strecke braucht haut. Seitdeam woiß i au, wia a Wildsau schmeckt. D'r oinzige Nauchteil bei meine Förscht'rsleut war der, daß i in meim viel z' kurza Kind'rbett reglrecht g'froara hau. I wär geara a'maul, wenn

47

d'r Förscht'r beim Bier war, zur Förschterin neig'schlupft, om mi aufzomg'wärma; ab'r dös hau i mi doch it traut, weil i ja it g'wißt hau, wenn d'r Förscht'r hoimkommt ond weil er a G'wehr g'hett haut. Wenn i dau so a richtiga Schrotladung verdwischt hätt, nau war dös in koim Verhältnis zua deam bißale Aufg'wärma g'wea.

I hau in Z. en Lehrling g'hett. Bei deam dauhoim muaß ma voar einig'r Zeit a Sau notg'schlachtat hau, weil der mi bittat haut, ihm beim Rauchfleischhoimfahra zom helfa. Dös hau i geara doa, weil i mir denkt hau, daß dau für mi als sei Chef a kloins Stückle abfalla könnt. I woiß es no, als wärs erscht gescht'rn g'wea, es warat insgesamt 32 Stückla ond Stück'r, i haus genau zählt. Dau hau i mi gewaltig täuscht, i hau bloß da G'ruch vom Rauchfleisch mithoimbraucht. Bei d'r nägschta Noatschlachtung hau i weanigschtens a Milchkann voll Metzlsupp kriagt.

Ebbes Nettes isch au no passiert. A Mädla von ma groaßa Baurahof haut sich anscheinend in mi verguckat. I hau wirklich it d'rfür kennt, i hau sie bloß a'weng a'ghimmlat. Dös Mädle haut mir, es war an ma Samstag bevoar i hoimg'fahra bin, schnell a Päckle zuag'schteckt. I hau mi daudrüb'r riesig g'frait, weil i g'moint hau, dau könnt dös Stückle Rauchfleisch denna sei, hint'r deam i scha so lang her bin. Wia i's dauhoim auspackt hau, sind zwoi Ofanudla rauskomma, dia warat au ganz schea fett.

Dös isch doch komisch. Döttmauls hätt i viel leicht'r a ganza Förschterin kriagt, als wia a kloines Stückle Rauchfleisch.

Mei schönster Sommer

Dös Jauhr könnt i mit oim oinziga Satz omschreiba, „es war mein schönster Sommer", nau hätt i alles g'sait.

In deam Jauhr isch a Mädle von weit her nauch Th. komma. Weil sie it wüascht war ond weil sie geschäftlich in mei Sparkaß komma haut müassa, hau i versuacht, mi bei ihr ins rechte Licht zom rücka. Dau hau i mir ab'r schwer doa, sie haut von mir absolut nix wissa wolla. Dös war für mi ebbes Nuies. Bisher hau i mit mein'r alt- ond oftbewährten Methode allaweil Glück g'hett. Was i au versuacht hau, sie haut mi höflich ab'r bestimmt abblitza lau. „Was bildat sich dia dürre Goiß bloß ei", hau i mir denkt. Dia haut sich nix ei'bildat, zua der hand se in der ihrem Büro g'sait, daß i verheirat sei ond daß i jed'n Aubad zua mein'r Frau hoimfahr. Mit ma Verheiratata hand dortmauls die junge Mädla nix zom doa hau wolla. Dau war es ganz and'rscht als wia heit. Durch Zuafall sind mir in d'r gleicha Wirtschaft zom Essa zämakomma ond dau hau i's ihr nau ausdeutscha könna, daß i it verheirat bin. Von deam Tag a haut mei schönscht'r Somm'r begonna. Weil ma die ganz Wuch ond au no an de Samstag fescht schaffa haut müassa, haut ma sich omsomehr auf da Sonntag g'frait. Es war ab'r au a Somm'r in deam Jauhr, wo oi Tag schean'r als d'r andere war. I hau bloß dös groaße Pech g'hett, daß i fascht jed'n Sonntag, wenn i mit 'm Fahrrad auf'm Weag zu ihr war, a Loch neig'fahra hau. Dau isch allaweil a Haufa Zeit unnütz verganga. Dös isch erscht bess'r woara, wia sie mit'm Fahrrad zu mir komma isch. Im Wald dussa hau i dia schönschte Plätzla g'wißt, wo mir ganz alloinig warat. Bloß a paar Elfa ond Feen warat dau in onserer Nähe. Wenn au ab ond zua a feindlich'r Fliag'r in groaß'r Höhe üb'r ons wegg'floga isch, so haut er ons, obwohl er a Aufklärungsfliag'r war, it seaha könna; so guat tarnt warat mir. D' Somm'rzeit, dia dortmauls no en Wert g'hett haut, haut ons dauzua verholfa, daß mir den Kelch des Glücks jedesmaul bis zuar Neige austrinka hand könna.

Soweit wär alles wund'rschea g'wea, wenn it mei Zwillingsherz plötzlich Sacha g'macht hätt. Es haut sich in no oina verliabt. Na ja, wenn ma als Zwillingsmensch scha zwoi Seelen in d'r Bruscht haut, nau derf ma sich au in zwoi Mädla gleichzeitig verliaba. Es haut mi in deam Somm'r schwer hin- ond hergrissa. Ab'r es war wund'rschea.

An mein Waldsee bin i au mit d'r andara g'fahra ond dös hätt mi beinah 's Leaba koschtat. I hau a schwera Mandlentzündung g'hett ond bin mit der trotzdeam zom Bada g'fahra, 's Wass'r war ziemlich kalt. Wia i vom Bada hoimkomma bin, hau i en Schüttl-froscht kriagt, daß es mi im Bett denna so richtig g'worfa haut. Ma haut müassa da Dokt'r komma lau ond der haut bei mir 41,2 Grad Fiab'r g'messa. Er haut g'moint, es war all'rhögschte Zeit. Wia i so in meim Bett g'leaga bin ond üb'r mein Leichtsinn nauchdenkt hau, isch mei Kamm'rtür aufganga ond zwoi Freind von mir sind rei'komma. „Martin" hand sie zua mir g'sait, „Du brauchscht Dir nix denka, mir holat die noit" ond nau sind se zur Tür meah naus. Es warat zwoi Freind von mir, dia voar a paar Wocha in Rußland g'falla sind. Es war d'r Franz ond d'r Robert. I hau it g'schponna ond i war au it im Dilirium. Dia Zwoi sind tatsächlich an meim Bett g'schtanda.

Mei schönscht'r Somm'r isch im Donautal zu End ganga.

50

Das Marienkäferlein

Es ist schon sehr lange her, daß ich an einem sonnigen Spätsommertag, glücklich und gut versteckt, im Walde lag. Ich war nicht allein. Neben mir lag im Sonnenschein eine Waldfee mit großen blauen Augen und einem träumenden Mund. Sie hatte alle ihre Schleier abgelegt und wartete auf etwas, was ich mir nicht getraute. Sie wartete und wartete, bis ein kleines Marienkäferlein geflogen kam und sich auf ihre weiße Brust setzte. Dem Marienkäferlein schien dieser Platz zu gefallen, denn da wurde es ganz zart auf- und abgetragen. Ich konnte mich daran nicht sattsehen und ich wünschte mir, daß ich dieses Marienkäferlein wäre. Ich träumte und träumte, bis ihre Feenhand meine Hand nahm und dorthin führte, wo das kleine Marienkäferlein saß. Ich nahm anstatt dem Anderen das Marienkäferlein ganz behutsam in meine Hand und setzte es auf eine Blume. Dort saß es eine lange Weile, dann spannte es seine kleinen Flügelchen auseinander und flog fort. Während ich ihm nachschaute, versteckte sich die Sonne hinter einer Wolke; es kam ein frischer Wind auf und meine Waldfee hüllte sich in ihre Schleier. Der Zauber war vorbei. Ich habe das Glück an mir vorbeiziehen lassen.

Hinter mir hörte ich plötzlich ein mächtiges Schnauben. Als ich mich erschrocken umdrehte, stand da ein kapitaler Hirsch mit einem mächtigen Geweih. Dieser Hirsch war ich.

Lorcher Kapelle

1948 war d' Währungsreform. Dau haut ma pro Kopf vierz'g Mark auszahlt kriagt. Mit deane vierz'g Mark haut ma ganz von vorna a'fanga müassa. Zua der Zeit war i in r'r Weinkellerei als Buachhalt'r tätig. Dau bin i zom erschta Maul in en Weinkell'r na'komma. I muaß saga, i war bis dau na koi Weintrink'r. En Wein haut ma bei mir dauhoim bloß oi'maul im Jauhr tronka ond zwar an Sylvescht'r als Punsch. Sonscht haut ma drei Schoppa Bier im Maußkruag g'hollat ond wehe, wenn d'r Kruag it g'schliefrat voll war. Früah'r haut mei Vat'r en Beerlawei' a'g'setzt. Seit i ab'r a'maul als Bua en furchtbara Johannisbeerweinrausch g'hett hau, hau i dean nomma g'mögt.

I ka mi no guat daudra erinn'ra, wia mir amaul Brikett kriagt hand. Dia Brikett sind in da Kell'r nakomma. Im Kell'r isch a groaß'r Ballon Johannisbeerwein g'schtanda. Der Mah, der dia Brikett in onsern Kell'r traga haut, haut bei jed'm Zentn'r en kräftiga Zug aus'm Ballon g'nomma. Es war a hoiß'r Somm'rtag, wo ma scha en Duscht kriaga ka. Beim letzschta von deane zeha Zentn'r, dia er in da Kell'r traga haut, haut er sein letzschta Zug g'nomma. So a Zug war jedesmaul a guat'r Schoppa. Wia er nau ins Freie, in d' Luft komma isch, hauts ihm so d' Füaß wegzoga, daß er wia a Gaul om acht Mark im Straußagraba liagablieba isch. Mir hand dean Mah mit vereinten Kräften auf da Kohlawaga g'lada; in d'r Annahme, daß seine Ochsa ganz alloinig hoimfindat. Weil dia ab'r g'wißt hand, was mir it g'wißt hand, daß ihra Herr au no im Pfarrhof Brikett abzomlada haut, sind se an d'r Kohlahandlung voarbei, d' Mantlstrauß nei, d' Kirchastrauß hint're ond sind nau genau voar'm Pfarrhof schtanda blieba. Dau dätat se heit no schtanda, wenn it d' Pfarrköchin auf dös Fuhrwerk aufmerksam woara wär. Wenn i mi it täusch, nau hand dia zwoi Stadtkaplän dia zwanz'g Zentn'r Brikett in da Schuppa traga, weil d'r Kohlahändl'r trotz geischtlichem Zuspruch it wach zom kriaga war. Weil d'r nägschta Tag a Fei'rtag war, hand dia Brikett weg müassa. D' Ochsa sind nau hint'rher d' Poststrauß furre, üb'r da Marktplatz ond d' Mantlstrauß naus ond dauhoim in da Hof neig'fahra. Autos hauts zua der Zeit Gott sei Dank noit geah.

Im Kell'r von d'r Weinkellerei haut d'r Wein frisch vom Faß am beschta g'schmeckt – au mir. Wenn d' Luft saub'r war, nau haut ons d'r Kell'rmeischt'r wissa lau, daß mir zua r'r Weinprobe komma könnat. I woiß da Nama von deam Wein, der mir im Kell'r am beschta g'schmeckt haut, heit no. Es war a „Lorcher Kapelle". Hint'rher hau i mi fescht zämanehma müassa, daß i beim Buacha au die richtige Spalte troffa hau.

In Oberbayern

Dia drei Jauhr g'härat zua meine schönschte Jauhr. Koi Wond'r, dau hand mir in Murnau in Oberbayern g'wohnt. Dia herrliche Gegend, Berg ond Seen, dau muaß es oim g'falla. Bei d'r Sparkaß in Murnau hau i au soviel verdient, daß mir ons a greaßara Anschaffung leischta hand könna. Mir sind nauch Weilheim g'fahra ond hand ons dau en Wellensittich samt Käfig kauft. Weils a Männle war, hand mir ihn „Maxi" tauft. An deam hand mir alle a Mordsfraid g'hett. Er haut natürlich in d'r ganza Wohnung romfliaga derfa. Wenn mei Frau g'schtrickt od'r g'stickt haut, nau haut er eahn'r d' Fäda rauszoga, wenn d' Kind'r Mensch ärgere Dich nicht od'r Halma g'schpielt hand, nau haut er sich all ins Spiel mittanei g'setzt ond wenn i Violin g'schpielt hau, dös hau i dortmauls no doa, haut er mir 's Notablatt omblätt'rat. Er war sehr musikalisch.

Eines Tages hand mir ons no en gebrauchta Hond zuaglegt. „Gebraucht" isch it d'r richtige Ausdruck. Er war aus zweit'r Hand. Sei Herrle haut ihn weggeaba müassa ond dau haut er für ihn om a guates Plätzle guckat. Dös guate Plätzle haut er bei ons g'fonda. D'r Maxi ond d' Chou-Chou, so haut die Hundedame g'hoißa, hand sich guat vertraga.

I woiß es no ganz genau. Es war am Freitag, den 13. August, dau isch a Tell'r voll Griasmuas in d'r Küche auf'm Tisch g'schtanda. Auß'r em Maxi ond d'r Chou-Chou war niemand in d'r Küche. Wia d'r Maxi dös Muas g'seah haut, isch er vom Lampaschirm ra im Sturzflug auf dean Tell'r zua. Weil der Tell'rrand als Landeplatz ungeeignet ond d'rzua no rutschig war, isch er z'mittlescht im Griasmuas g'landat. Dau wär er unweig'rlich omkomma, wenn it d' Chou-Chou dös beobachtat hätt. Dia isch wia d'r Blitz vom Boda auf da Stuahl nauf, isch vom Stuahl auf da Tisch g'schpronga ond haut mit ihr'r Schnauz da Maxi aus'm Tell'r nausbugsiert. Nau haut er ihn so zart wia möglich a'g'schleckat. Wia d'r Maxi meah fliaga haut könna, isch er auf's Kreuz im Herrgottswinkl naufg'floga ond haut nau von dau oba ra saumäßig g'schimpft.

Daumit it no a'maul so was passiera ka, haut d' Chou-Chou dean Tell'r Griasmuas ratzebutz leer g'fressa. Mir hand ons daudrüb'r g'wundrat, denn sowas haut sie no nia doa. Für dös, daß sie da Maxi g'rettat haut, isch sie no g'schimpft woara; sind mir Menscha domm.

Zom Sprecha isch d'r Maxi nia komma, wia mir ons au a'-g'schtrengt hand; ab'r von deam Tag a, wo dös mit'm Griasmuas passiert isch, haut er wia a richtig'r Hund bellat. Ond zwar so laut ond kräftig, wia a richtig'r Schäf'rhund.

Dös Bella war a'maul ons'r groaßes Glück. An deam Tag hand mir, die ganze Familie samt Hund, a Bergtour g'macht. D'r Maxi war also ganz alloinig im Haus. Daß mir alle futt ganga sind, dös muaß scheints oin'r beobachtat hau, denn derjenige haut probiert, bei ons ei'zombrecha. Wia er d' Haustür mit'm Dietrich scha aufg'schlossa g'hett haut, haut d'r Maxi in d'r Kuche denna 's Bella a'g'fanga ond zwar so laut ond kräftig, daß es d'r Ei'brech'r mit d'r Angscht zom doa kriagt haut. Der haut deam Bella nauch g'moint, daß dau a scharf'r Schäf'rhund in d'r Wohnung isch ond isch auf ond d'rvon.

Wia mir hoimkomma sind ond d' Wohnungstür it abgschlossa war, hau i es sei müassa, der 's Abschliaßa vergessa haut. I war mir ganz sich'r, daß i da Schlüßl zwoimaul romdreht hau, ab'r was willscht daugega macha?

Mei erschtes Auto

1962 hau i, nauchdeam i scha 1947 d' Fahrprüfung g'macht hau, en gebrauchta VW 1200 kauft. Wia i dean zom erschta Maul mein'r Muatt'r voarführa hau wolla, isch mir ebbes Komisches passiert. I hau's so üb'rschrieba:

Warom i a'maul mit meim VW 1200
in onser'r Hofeinfahrt stecka blieba bin

Meine Großelt'ra ond meine Eltra warat viel zu guat, dia hand allaweil g'sait, ma muaß mit de Nauchbaura guat auskomma. Mit laut'r „guat auskomma" isch ons'r recht'r Nauchbau'r all weit'r zu uns romkomma. Ab'r i wills d'r Roih nach verzähla.

Voar meim Elternhaus führt scha seit eh ond jeh d' Landschtrauß voarbei. Früh'r, als dia Strauß noit teert war, haut es an de trockane Däg allaweil so fescht g'schtaubt, daß ma koi Fenscht'r aufmacha haut könna. Dös isch nau viel schlimm'r woara, wia die erschte Auto ond Motorräd'r komma sind. Voar's Haus sitza ond d' Leit ausrichta, wia ma's früah'r an de Fei'raubad allaweil doa haut, war gar nomma möglich. Nau isch ma halt hint'rs Haus g'sessa, ab'r dau haut ma nau nix meah g'seah. Om ons'r Haus isch a schean'r groaß'r Garta. Links an ons'r Haus grenzt a Gärtnerei ond rechts a Landwirtschaft. Von links hand mir alle Jauhr koschtenlos tausad ond ab'rtausad greane Raupa g'liefrat kriagt ond von rechts Hei ond Schtroah. Ons'r link'r Nauchbaur haut jedes Jauhr in Höhe von onserm Haus etliche zig Beet Weißkraut a'pflanzt. Dortmauls haut ma no viel mehr Kraut gessa als wia heitzutag. Dös war all a Mordsfescht, wenn d'r Krauthobl'r komma isch. Dau hand mir Kind'r nau scha g'wißt, daß mir onsere Füaß wäscha ond 's Kraut ei'trappa müaßat. So a guates Kraut gibts heit gar nomma ond sölle scheane Füaß au nomma. Wia g'sait, wenn 's Kraut in Nauchbars-Garta soweit war, nau warat au d' Raupa soweit. Mir hand auf d'r Krautseita wuchalang koi Fenscht'r aufmacha könna voar laut'r Raupa, dia zu hund'rt ond zu tausad an onserm Haus naufgriesa sind. Wia dia ab'r trotzdeam in ons'r Haus ond in onsere Betta neikomma sind, dös isch mir heit no a Rätsl. Mei Großmuatt'r haut scha dortmauls g'sait: „Von links isch no nia ebbes G'scheit's komma".

Rechts von onserm Haus war a kloinara Landwirtschaft. Zwischa onserm Haus ond d'r Landwirtschaft kommt z'eascht onsere Hofeinfahrt, nau am Nauchbau'r sei Holzzau ond nau em Nauchbau'r sei Hofeinfahrt. Weil em Nauchbau'r sei Ei'fahrt it b'sond'rs broit war, haut er seine Heiwäga zom Ablada allaweil ganz näh an sein Holzzaun nag'schtellt. Daß beim Ablada all viel Hei zu ons romg'falla isch, dös leuchtat jed'm ei. Nauchdeam mir ab'r koine Hasa g'hett hand, hand mir 's Hei zämag'rechat ond üb'r da Zaun wied'r nomg'worfa. Dös isch in d'r Heiat (Heuernte) oft passiert. Mei Großmuatt'r haut zwecks de frische Oir all so zwölf bis fuchzeh Henna g'halta. Moinat ihr, daß beim Troid-(Getreide)-ablada a'maul a Garbe Troid zu ons romg'falla wär, it oms verrecka. Dia hätt i nau schnell oms Haus rom verschwinda lau. So hau i halt mit d'r Großmuatt'r zom Ähraleasa ganga müassa.

Wia g'sait, onsere Hofeinfahrt war allaweil scha om wohl ebbes broit'r, als wia dia vom Nauchbaura. Als Bua hau i a'maul onsara Hofeinfahrt g'messa. Sie war so broit, daß ma mit ma Laschtwaga guat rei'fahra haut könna. Wia i nauch viele, viele Jauhr endlich en gebrauchta VW 1200 vermögt hau ond i mit deam bei mir dauhoim schtolz durch d' Hofeinfahrt fahra hau wölla, bin i glatt schtecka blieba. So hau i mi als Kind verschätzt, könnt ma moina. I bin d'r Sach scha no d'raufkomma. Früah'r hau i mir koine Gedanka daudrüb'r g'macht, daß d'r Nauchbau'r alle fünf bis sechs Jauhr en nuia Zaun g'setzt haut. Es wär wirklich it noatwendig g'weasa. Wenn i mir voarschtell, daß der in dreiß'g Jauhr da Zaun sag m'r fünfmaul nui g'setzt haut ond daß er sich jedesmaul sag m'r a'maul bloß om vierz'g Zentimet'r vermessa haut, nau schtimmt mei Rechnung ganz genau, nau ka i mit meim VW 1200 nomma durchkomma. Iatzt wo em Nauchbau'r sei Einfahrt broit'r isch als wia die onsrig, schtaut anschtelle von ma Holzzaun a richtige Betonmau'r zwischa ons, dia hält auf ewig. Ab'r wia g'sait, meine Großeltra ond meine Eltra dia warat viel z' guat. Dia hand all g'sait, ma muaß mit de Nauchbaura guat auskomma. Ond dös isch ma au. Wia d'r Zaun allaweil weit'r zu ons romkomma isch, dös isch mir iatzt klar; wia ab'r d'r Grenzschtoi au mitromkomma isch, dös isch mir heit no a Rätsl.

Mei schwäbisches Alphabet

Als echt'r Schwaub hau i mir a'maul d' Arbat g'macht ond hau en Toil von deane urschwäbische Wört'r g'sammlat, mit deane i aufg'wachsa bin.

Aftrmeteg	der Tag hoißt so, weil er nauch'm Montag kommt, also hintadrei, während a
Atracht'r	a männlicha Ent duat sei. En
Awäschlompa	dös isch bekannt, nimmt ma zom A'wäscha in d' Hand.
Badengala	dös sind Schlüßlbloma in onserer Sprauch ond
Buabafizal'r	sind Mädla, dia de Buaba schpringat nauch. Wenn es omkehrt wär, nau wärats Mädlafizal'r. En
Butzastenkal'r	hand mir Kind'r oft g'macht, hand d'rzua g'schria ond g'lacht.
Chaise	dös isch a Schäs.
Chaiselogne	dau hand mir Kanapee g'sait ond wenn mei
Cousine	mei Bäsle komma isch, nau hau i mi g'frait; weil dia mir, i hau mis it traut, 's Kussa g'lernat haut.
Danise	dös isch oin'r, der a bißale deppat isch ond a
doigata	Birn isch nomma ganz frisch.
Dotle	mei Firmpate, der haut mi in d' Kirch neig'führt ond i hau in sein'r Kittldäsch mei Firmungsuhr g'schpürt.
ead,	dreckead, stinkead ka ma au no sa ond
Eadbira	mit viel Schweinernes ond Kraut isch au Ebbes, was i ma.
Emmerenz	dös isch a weiblich'r Voarnama, ma härt dean kaum meah bei de Dama. So weanig, wia Theres, Vev od'r Kathl; wean wundrats, ma sait heit au Tüte ond nomma G'schtattl. A
Fidla	isch koi Instrument, obwohl ma daumit blausa könnt. A

Fotzahobl	isch a Mundharmonika ond zua es
fuarat	könnt ma au es „sättigt" sa. A
Gleischpa	ka au a Schpreißl sei ond a
Glomsakare	guckat bei r'r Ritze nei. A
Gugomm'r	isch a Gurk, dös isch wauhr, es geit d'rvon en Haufa in jed'm Jauhr.
Hagamoisa	wer dia it kennt, deam sind au no koine
Hefanudla	a'brennt. Hefanudla in d'r Schleif'rsbrüah od'r in d'r Zwieblsoß mit richtige Schuabla, dau isch was los.
Hoaraschlaut'r	Zua meim Aufwachsa haut es au no (Hirschkäfer) geah, seit deam hau i koin meah g'seah. Wenn i als Bua oin hau g'fanga, nau bin i mit deam zom Wildbihl'r Rupert ganga. Der hautn braucht für sei Schnitzerei; it da ganza Käf'r, von deam bloß 's G'weih. A
Ib'rboi	isch üb'rflüssig wia a Kropf, doch allaweil no bess'r, als wia a Wass'rkopf. Om fünf Pfennig
Ibidomm	haut ma ons am 1. April in d' Apotheak nei-g'schickt ond
Ilga	hau i scha straußweis pflückt. Zum
Jakl	ka ma au Jakob sa ond ons'rn schwäbischa
Joseph	schreibt ma hinta mit ph. Auf'm
Juhe	(Koarahaus) bin i all fürchtig geara g'wea, denn dau haut es Sacha von ganz früah'r geah.
kähl	dös hoißt soviel wia wüascht ond geizig sei. Mit oim Wort, all'z in da oigana Kraga nei.
Klepprla	dös isch a Zitt'rgras ond sell isch wauhr, dös höbt ohne Wass'r a ganzes Jauhr.
krattla	sait ma, wenn 's Fuaßwerk nix meah taugt ond a
Lachafaß	isch a Güllefaß, wenn Ebb'r fraugt. A
Loas	dös isch a Muatt'rsau ond a

Ludale	dös isch a Ludwigle au. A
Maugl	ond a
Muffl	sind it weit ausanand, d'rzua no en
Molle	nau sind sie beianand. D'r
Nähle	isch au ganz aus d'r Mode komma ond
nottla	sait ma anstatt „rütteln" au nomma.
Nuscht'r	sait ma au bloß no hia ond da, bei manche Fromme hangat er scha bluatig weit na.
oadale	sait ma, wenn Ebb'r ordentlich duat sei ond a
Oahravitzal'r	schlupft geara in d' Oahra nei. A
Oirhab'r	dös isch Ebbes zom Essa. Ebbes Ei'g'machtes d'rzua derf ma it vergessa.
Paraplü	sagat mir Schwauba, obwohls französisch isch, ond a richtiga
Pflatt'r	leit it im Gebüsch.
pfludra	dond d' Fahna im Wind ond a
Quatratwaffl	isch soviel wia a Sünd. A
Quampat'r	haut viel zu viel Pfund, wenn ers trotzdeam aushält, nau isch er g'sund.
Questiona	dös Wort geits fei wirklich au, sonscht hätt is ja it dau. Es geit au en
Riebelesgrind	ond wer en
Rotzgockal'r	it als Truthahn kennt, der woiß au it Bescheid, daß ma zom Frisör au
Rüaßlschab'r	sait.
samadla	sait ma, wenn oin'r jed'n Dreck v'rzählt ond für
Soichbloma	hau i dös Wort „Löwenzahn" g'wählt.
soichnaß	klingt au it grad fei, es ka ab'r au fuhztrocka sei.
Schlattoahra	dia sind oim angeboara.
schmatzga	duat manch'r wia a Sau ond da
Schwartamaga	kennt ma als Preßsack au.
schtätle	sait ma, wenn es it pressiert ond a
Schtaudaguck'r	isch der, der hintarom en Blick rischkiert.
schtrampfla	ka ma im Zoara ond mit Gebrüll ond d'

Tannaküah	dia gend koi Mill.
Trottwar	dös schwätzat mir de Franzosa nauch.
	„Bürgersteig" hoißt's in d'r deutschen Schprauch.
Ui	sagat mir ond moinat euch. D'r
Ure	kommt em Ullrich gleich. Bei ma
U'zoara	haut oin'r wia a Bibhenn a Wuat;
	fascht, daß es ihn verreißa duat. 'S
Veitle	treibt ma bloß mit oi'fältige Leit ond wenn ma dös Wort
verdrialat	sait, nau isch es scha passiert
	ond 's frische Hemat isch verschmiert.
Visimadendla	dös isch au so a Wort liabe Leit,
	i sell hau es scha lang nomma g'sait. Was
Wäschklufa	sind, dös woiß a jedes Kind. A
Warglholz	dös muaß i no d'rzua sa, eignat sich zom Toigauswargla ond zom Zuaschla.
wuisla	sait ma, wenn oin'r andau'rnd jammra duat. I däts am liabschta au, weil i koi schwäbisches Wort finda ka, dös mit ma richtiga X gaut a. Auß'r
Xand'r	ond
Xarre	dös soviel wia Alexand'r ond Xaver hoißt ond wohl deam, der sei
Xsundheit	preist.
	Dös wär no a'maul guat ganga, ab'r mit'm Y woiß i wirklich nix a'zomfanga.
	Daufür geits beim Z en ganza Haufa
Zibeba	ka ma au als Wei'beer kaufa.
Ziif'r	mit zwoi i, dös sind au Wanza ond bei
z'na ond z'na	dau moint ma da ganza Ranza.

Daumit bin i au scha am End; d'rbei hau i sottige schwäbische Wört'r wia daula, dreasga, gigala, gigampfa, hähl, Häs, pfurra, pfutzga, roigla, wommla, zanna, zuanachta ond viele andere mehr, no gar it ont'rbraucht. Vielleicht a anderes Maul.

Verrückte Einfälle

Eines Tages hau i erfahra, daß a alt'r Lehr'r von mir g'schtorba isch. Der Lehr'r isch mir durch seine verrückte Ei'fäll in liab'r Erinnerung blieba. A paar von deane Ei'fäll will i ihm zu Ehren feschthalta. Em Tag zuvoar haut es a Mordswett'r g'hett. Es haut ei'g'schlaga ond brennt. Dau haut er von ons verlangt, daß mir daudrüb'r en kurza Aufsatz schreibat. Dös ging ja no, er haut ab'r verlangt, daß alle Wört'r in deam Aufsatz, dean mir schreibat, bloß oi Silbe hau derfat. Alle, dia ihren Aufsatz mit „Das Gewitter" üb'rschrieba hand, hand scha ihren Fünf'r g'hett, weil dös Wort „Gewitter" ja glei drei Silba haut. Ge wit ter.

I war d'r Oinzige, der für sein Aufsatz en glatta Eins'r kriagt haut. Mei Aufsatz haut g'lautat:

Der Blitz
Es war in der Nacht. Ich lag schon im Bett. Da kam ein Blitz und
schlug in ein Haus. Ich stand auf, zog mich an und ging dann zu
dem Haus hin. Es war sehr schlimm, was ich da sah.

Ond doch hau i für mein scheana Aufsatz trotz em Eins'r von meim Lehr'r oina g'fanga, denn wia der mi g'fraugat haut, was das für ein Haus war, das da abbrannte, hau i ganz unüb'rlegt g'sait: „Das Schulhaus!" Ond weil dös Wort Schulhaus zwoi Silba haut, Schul haus, hau i oina g'fanga.

Der gleiche Lehr'r wollt a'maul von ons Kind'r wissa, in welchen Vereinen unsere Eltern, Geschwister und nahe Verwandte sind. Weil mir in d'r Schual so guat es ganga isch nauch d'r Schrift schwätza hand müassa, v'rzähl i auf Hochdeutsch weit'r.

Hinsichtlich der Zugehörigkeit zu Vereinen hörte ich von meinen Mitschülern immer nur zwei Vereine. Und zwar den Fischerverein und den Winzerverein. Da habe ich mir gedacht, wenn er mich als erst Zugezogenen frägt, dann wird er und die ganze Klasse staunen. Wie er ganz am Schluß mich doch noch fragte, habe ich so richtig losgelegt. Da habe ich dann aufgezählt:

Mein Vater ist im Schützenverein (das hat gestimmt)
Meine Mutter ist im Trachtenverein (das hat nicht gestimmt)
Meine große Schwester ist im Turnverein (das hat gestimmt)
Meine zweite Schwester ist im Gesangsverein (das hat nicht ge-
stimmt, weil die überhaupt nicht singen kann)
Mein erster Onkel ist im Alpenverein (das hat gestimmt)
Mein zweiter Onkel ist im Kaninchenzuchtverein (das hat nicht
gestimmt, der hat nämlich gar keine Hasen)
Mein dritter Onkel ist im Radfahrverein (das hat nicht gestimmt,
der kann nämlich gar nicht radfahren
Mein vierter Onkel ist im – – –

Da wollte der Herr Lehrer von mir wissen, wieviel Onkels ich
denn habe. Als ich sagte sieben, sagte er zu mir, „es ist schon gut,
die anderen kannst du dir schenken. Ich hatte sowieso nur drei,
aber das brauchte er nicht zu wissen.

Mein Großvater ist im Veteranenverein, habe ich wieder aufgezählt. „Und in welchem Verein ist deine Großmutter?" wollte er
noch wissen. „Meine Großmutter" habe ich gesagt, „die ist im
Begräbnisverein." Als er darauf zu mir sagte, „in diesem Verein
bin ich auch", habe ich mich innerlich gefreut und auf gut schwäbisch gedacht: „Gott sei Dank, nau leabt der nomma lang." Ab'r
dean hand mir no lang g'hett. Der war wahrscheinlich bloß a pas-
sives Mitglied im Begräbnisverein, koi aktives.

Eines Tages haut der Lehr'r von ons wissa wolla, was alles duftet.
D'r erschte, dean er g'fraugat haut, haut g'sait: „Die Blumen
duften." D'r zwoite haut g'sait: „Der Lindenbaum duftet, wenn er
blüht." D'r dritte haut g'sait: „Das Wasser duftet." Daumit war
d'r Lehr'r it ei'verschtanda ond mir andere hand grinst. Ab'r der
haut sich dauvon it abbringa lau. Wia nau d'r Lehr'r wissa wollt,
was das für ein Wasser sei, haut derjenige ganz stolz g'sait: „Das
Kölnisch Wasser." Bei deam dauhoim haut ma a Drogerie g'hett.
D'r vierte haut g'sait: „Das Heu duftet." Ond weil der grad vom
Heu g'schwätzt haut, haut sei Nebenmann, der it grad d'r Hel-
leschte war g'sait: „Beim Odeln duftet es auch." Dau haut ihm
nau d'r Lehr'r da Ont'rschied zwischa „duften" ond „stinken"

64

erklärt. Ond nau wollt er glei vom nägschta wissa, was stinkt. Der haut nau g'sait: „Unser Hund stinkt, wenn das Wetter um- schlägt." Der nauch ihm haut g'sait: „Der Bär stinkt." Der, der sich „Bär" g'schrieba haut, isch glei aufg'schpronga ond haut ganz empört g'sait: „Herr Lehrer, das ist nicht wahr, ich stinke nicht." „Und warum nicht?" wollt d'r Lehr'r wissa. „Weil ich gar keinen fahren gelassen habe," haut d'r Bär d'rauf g'sait. Wia nau d'r Lehr'r da andara g'fraugat haut, wieso er so etwas sagen könne, haut der g'sait: „Ich habe doch nicht unseren Bär gemeint. Ich ha- be doch den Bären gemeint, den wir vorgestern auf dem Schulhof für zehn Pfennig anschauen durften." Abwechslungsweis haut nau d'r Lehr'r wissa wolla, was duftet und was stinkt. D'r nägschte haut g'sait: „Die Kerzen duften", dös war a Ministrant. Ond so isch es nau weit'rganga. Wia i an d'r Roih war, hau i nomma g'wißt, ob es bei mir dufta od'r schtinka soll. Ond so hau i ganz unüb'rlegt g'sait: „Mein Vater stinkt!" Die ganz Klaß haut auf dös na hellauf g'lachat. I hau mi schnell verbessert: „wenn er aus der Wirtschaft kommt." D'r All'rletzschte haut abschließend g'sait: „Der Hollunderstrauch duftet." Dau warat mir ons it ganz einig, ob der duftet od'r ob der stinkt. D'r Lehr'r haut g'moint: „Weder das eine, noch das andere ist richtig. Der Hollunderbaum riecht." So sind mir an deam Tag vom Dufta ond Stinka no aufs Riacha komma. Abschließend wollt d'r Lehr'r no wissa, ob oin'r von ons en Satz bilda ka, wo alle drei Wört'r voarkommat. Weil sich koin'r g'meldat haut, hau i mi g'meldat ond i hau g'sait: „Bei meinem Onkel duften die Haare nach Promenade (Pomade), der Back- steinkäs, den er gerade ißt, der stinkt und seine Füße unter dem Tisch, die riechen.

Das Herstellungsgerät

Wenn ma z' viel od'r z' fett gessa haut, nau duat oim a Schnäpsle obadrauf mehr als wia guat. Ab'r a Klar'r soll es sei, der bringt da Maga meah in Ordnung. Dös hand onsere Voarfahra au scha g'wißt, obwohl sich dia högschtens an de hoahe Fei'rtäg üb'rfressa hand; it wia iatzt, fascht jed'n Sonn- ond Fei'rtag. Bei ons im Schwäbischa war halt d'r Korn, d'r Obschtl'r ond 's Zwetschgawass'r bekannt. Manche Baura hand au en Kartofflschnaps brennt.

Es haut it a jed'r en Schnaps brenna derfa, dauzua haut ma a staatliche Genehmigung braucht. Wenn oin'r ohne Genehmigung brennt haut ond er isch verdwischt woara, nau isch derjenige ganz schea g'schtrauft woara. 's Recht zom Brenna war oft scha von alt'rsher auf'm Haus od'r auf'm Hof. Ond dia, dia so a Recht g'hett hand, hand daufür Steura zahla müassa. In de letzschte fuchzig Jauhr isch dös Selb'rbrenna mehr od'r weanig'r aus d'r Mode komma. Es haut sich, seit ma da viel bessara Schnaps kaufa ka, nomma rentiert.

D'r Meinradbau'r von . . . war au so oin'r, bei deam 's Recht zom Brenna auf'm Haus war. Er haut ab'r mindestens zwanz'g Jauhr scha nomma brennt. Trotzdeam isch eines Tages oin'r vom Finanzamt komma ond haut zom Meinradbaura g'sait, daß er für sei Brennerei Steura zahla muaß. „Ihr send ja guat", haut daudrauf d'r Meinradbau'r g'sait, „i brenn ja scha mehr als zwanz'g Jauhr koin Schnaps meah. Ja it a'maul mei Vat'r, der scha bald dreiß'g Jauhr ont'rm Boda isch, haut no en Schnaps brennt." Dös macht nix, haut ihn d'r Finanzbeamte aufklärt, er müsse trotzdem bezahlen, denn das Herstellungsgerät beziehungsweise die Anlage zum Schnapsbrennen sei noch da, und das allein verpflichte ihn zum Zahlen.

D'r Meinradbau'r, der it auf da Kopf g'falla war, haut a Zeit lang üb'rlegt ond nau haut er zua deam Finanzbeamta ganz ernschthaft g'sait: „Herr Ob'rinspektor! wenn dös so isch, nau verlang i vom Staat a Kind'rgeld." Wieviel Kinder er denn habe,

haut d'r Finanzbeamte wissa wolla. „Kind'r", haut d'r Meinradbau'r ehrlich g'antwortat, „Kind'r hau i koine." Dann könne er
vom Staat doch kein Kindergeld verlangen, war darauf die Ant-
wort des Finanzbeamten. „O doch ka i a Kind'rgeld verlanga,"
haut d'r Meinradbau'r daudrauf g'sait, „denn wissats, Herr
Ob'rinspektor, wenn i au koine Kind'r hau, ab'r 's Herstellungsgerät beziehungsweise die Anlage dauzua, dia isch bei mir no
dau."

Es war bloß a Traum

Alles ging so schnell mit mir,
es haut mir grad pressiert,
plötzlich war i voar d'r Himmlstür
im Hemat, i hau mi glei schiniert.

Voar r' Schtund, om halba acht,
viel läng'r ka 's it sei,
dau bin i scheints ganz sacht,
für ewig g'schlaufa ei.

Wia i so zittrig danaschtand
voar'm groaßa Himmlstoar,
kommt au scha a Engl im lichta G'wand
ond liest mir meine Sünda voar.

I hau mi g'wundrat, was der all'z woiß
von mir, der arma Seel,
mir wirds daubei so richtig hoiß,
i glaub, i bin reif für d' Höll.

Aus isch es mit 'm Halleluja-Singa
ond au a Harfa zupf i it,
auf glühende Kohla muaß i schpringa,
Schweflg'schtank auf Schritt ond Tritt.

Iatzt, wo i koin richtiga Leib meah hau,
iatzt wirds mir sonnaklar,
i hätt halt solla manches doch it dau,
was mit'm Leib so herrlich war.

Was wär au a Leaba ohne Leib
ond ohne all dia Sacha,
haut it d'r Herrgott ons das Weib,
extra zua deam erschaffa?

Mei liab'r Freind iatzt reicht es mir,
sait dau d'r Engl schtreng ond barsch,
vergiß it, du schtauscht voar d'r Himmlstür,
sonscht blaus i dir da Marsch.

Iatzt dond mir gucka mitanand
in dei Lebensbuach dau nei,
ob mir it au Aktivposchta hand,
so nix wirscht doch it sei.

Na ja, g'schaffa hauscht a Leaba lang
ond ehrlich warscht allzeit,
beichtat hauscht bloß dann ond wann,
doch deine Sünda hauscht du stets bereut.

Freilig wär es bess'r g'weah,
wenn's gar it wär passiert,
doch was rom isch, isch scha g'schea,
du hauscht au viel pussiert.

's Glück war dir nia b'sond'rs hold,
es haut die oft vergessa,
trotzdeam hauscht du au ohne Geld ond Gold,
allaweil a fröhliches Herz besessa.

I moin dös roicht, was willscht no mehr,
für en niedriga Himmlsschtand,
i hol dir nau deine Flügl her
ond au dei nuies G'wand.

Die guate Plätz, dös merkscht nau au
ond hauscht au bald kapiert,
dia sind bloß für besondere dau
ond sind für sölche reserviert.

Sölche, dia koin Fehl'r hand
ond au koin schwarza Dupfa,
dia kriagat glei a goldanes G'wand
ond derfat d' Harfe zupfa.

Iatzt mit dir wirds mind'r nau,
du wirscht it so geehrt,
du bischt scha mehr für d' Arbat dau,
wia es sich halt für en Sünd'r g'härt.

Dei G'wand, dös isch a Arbatshos
ond a Schürze oba d'rauf,
morga om Sechsa gaut es los,
wach fei ja früah g'nua auf.

Doch, was ma bei ui donta Arbat nennt,
wird bei ons it exerziert,
mir hand koi verlängerts Wuchaend
ond mir sind au it organisiert.

Mir schaffat in d'r Wuch halt 70 Stund,
d'r Sonntag g'härt zum Besinna,
an deam Tag dond mir mit Herz ond Mund
beata ond ons'rn Dank darbringa.

I hol dir nau dein Schtundapla,
für heut hauscht du no frei,
guck dir a'weng da Himml a
ond lern au d' Litanei.

I hau g'moint, mi trifft d'r Schlag,
obwohl i nomma leaba dua,
i muaß meah schaffa, Tag für Tag,
wo bleibt denn dau die ewige Ruah?

Sollt dös wirklich au it schtimma,
wozua bin i nau dau,
was dua i nau im Himml hinna,
nau ka i ja meah gauh.

Halt! z'erscht will i gucka,
im ganza Himml omanand,
durch alle Fenscht'r, Türa, Lucka,
seah will i dia im goldana G'wand.

Ja, dia hau i g'schaua,
dia im goldana G'wand,
meine Auga wollt i kaum traua,
zweiflat hau i an meim Verschtand.

Dös also sind dia Harfezupf'r,
dia Auserwählte ohne Fehl,
dia ohne jed'n schwarza Dupf'r,
dia mit d'r reina, weißa Seel.

Dös sind doch Pharisä'r,
dös ka doch gar it sei,
i kenn viele ja viel näh'r,
wia kommat dia bloß dau rei?

I kenn viele no von früah'r,
der zom Beischpiel war mei Chef,
ond dös dau warat warme Brüad'r
ond iatzt hand dia a goldanes Häs.

Mei Chef, dös war koi Guat'r,
der haut ons schikaniert
ond iatzt sitzt der dau, der Bruad'r
ond singt ond jubiliert.

Dau hinta sitzt mei Lehr'r,
er sieht ganz friedlich aus,
i war von ihm koi Verehr'r,
i denk no d'ra mit Graus.

Was haut der ons Datza geaba
ond Hosaschpann'r obadrauf,
dös vergißt ma it im ganza Leaba
ond so oin'r kommt in da Himml nauf.

Dött, die Engeline,
i woiß es ganz genau,
g'hoißa haut se Josefine
ond war a fürchtig beasa Frau.

Zwoi Männ'r von ihr sind g'schtorba,
der dritte haut sich g'hängt
ond iatzt sitzt dia dau mit Orda
ond singt, ond singt, ond singt.

Der dicke, fette Engl,
er guckat grad zua mir her,
dös war a schwer'r Bengl,
dös war a G'werkschafts-Sekretär.

Der dau auf'm Podium doba,
der mit deam hella Schein,
was will denn der dau hoba,
der war im Tierversuchs-Verein.

Was soll i dau bloß saga,
dau isch doch ebbes faul,
dau platzt mir schier d'r Kraga,
ab'r i verbrenn mir it mei Maul.

Was i hau alles g'schaua,
dös isch wirklich koi Genuß,
dös nimmt mir 's ganz Vertraua
ond bringt mi zua deam Entschluß:

I pfeif iatzt auf da Himml,
auf d' Flügl ond aufs G'wand,
aufs Jubiliera ond Gebimm'l,
dau gang i meah, pfüat na Gott mitanand.

Dau bin i also wied'r,
es isch zom glauba kaum,
doch so isch es mir scha liab'r,
es war Gott sei Dank bloß a Traum.

I hau oin kennt

I hau a'maul oin kennt,
der haut allaweil bloß g'schria,
er sei reich ond g'sond,
ja, ond dös sogar wia.

Dös schtimmt tatsächlich
ond isch it üb'rtrieba,
an deam isch 's Glück
bloß so hanga blieba.

Was der a'g'langat haut,
haut sich in Geld verwandlat,
freile haut der it g'schaffat,
noi, der haut bloß g'handlat.

Häus'r haut der g'hett,
soviel i woiß acht,
a schnittiges Motorboot
ond a schneaweißa Jacht.

Zwölf Bauplätz, a Fischwass'r,
en oigana Strand,
en Mercedes, en Porsche,
jeda Wuch a nui 's G'wand.

Zom Essa, zom Trinka,
was eahm na grad schmeckt,
dean haut au no nia,
a Krankat verschreckt.

Mit oim Wort a Ausnahm,
wia's weanige bloß geit,
a sportlicha Figur,
beleasa ond g'scheit.

A Gemahlin für d' Villa,
a Sekretärin fürs Büro,
a paar junge Verhältnis,
adrett ond o ho!

Oifach von allem
was sei Herz haut begehrt,
es haut fascht nix geaba,
was deam haut it g'härt.

Wenn ihr mi fraugat,
was aus deam isch no worda,
ihr kennts glauba od'r it,
au der isch fei g'schtorba.

Ond der sell haut,
au dös muaß i bekenna,
von all seim Besitz,
nix mitnehma kenna.

D'rom moin i,
wozua soviel Ballascht,
du stirbscht viel leicht'r,
wenn du it viel hascht.

Onsere Katza

Mir hand a Katz, dia scha 15 Jauhr alt isch. Manche Leut hand glei zwoi ond drei. Weil die heitige Katza nomma zom Mäus fanga ganga sollat ond au nomma könnat, füattrats mas mit Whiskas, Kittekatt, Brekkis ond jeda Wuch oi'maul mit roah'r Leab'r, Herz ond Niera. Onsra Katz frißt bloß a frischa Kalbsleab'r, a andara guckat sie gar it a. D' Katza schlaufat nomma im Hei, dia schlaufat neu'rdings im Bett. Dia ons'r schlauft scha seit Jauhr ond Tag auf'm Kopfkissa von mein'r Frau. Wenn i a'maul ohseg'fährs mit meim Kopf auf's Kopfkissa von mein'r Frau komm, nau pfurrat ond zannat mi alle zwoi a, d' Katz ond mei Frau. Wenn onsra Katz, bis sie endlich auf'm Kopfkissa von mein'r Frau liegt, mindeschtens zehamaul üb'r mei Kopfkissa latschat ond sie mir jedesmaul mit ihrem Schwanz üb'rs G'sicht fährt, nau derf i it a'maul was saga; dau sind nau alle zwoi beleidigt.

D' Katza machat ihre G'schäftla nomma dussa im Freia sond'rn in d'r warma Küche henna. Die onsrige springt vom Garta dussa zo deam Zweck rei. Dauzua braucht ma a wass'rdichtes Kischtle, a g'hoblts natürlich, en Torf ond a Katzenstreu. In d'r Wuch muaß ma dös Kischfle mindeschtens drei Maul frisch macha, denn wenn es riacht, nau gand se nomma nei. So saub'r sind d' Katza.

Die onsere trinkt, wenn sie wirklich a'maul a Milch will, bloß a zehnprozentiga Bärenmarke. A'g'wärmt muaß dia sei ond auf'm Frühstückstisch neab'r onsere Kaffeetassa muaß sie schtanda. Am liabschta haut sie Schlagsahne. Seit mir a Katz hand, kriag i an de Sonntag zom Kaffee a Schlagsahne. Wenn ma's genau nimmt, nau isch a Katz heitzutag a tuires Haustier. Wenn sie nau no, so wia die onserige, wöchentlich au no d' Pille kriagt, nau kommt sie no tuir'r. Dös mit der Pille isch au so Ebbes. Wia oft hau i dia Katzenpille scha mit mein'r Bluathochdruck-Pille verwechslat. Sie hand die gleiche Farb ond sie sind au no gleich groaß. An sölche Täg hauts mi all ganz schea rom. 'S letzschte Maul bin i a halba Schtond lang em Nauchbaur seim Baule nachg'schpronga ond hau ihn it verd'wischt. So was isch peinlich.

Seit mir onsara Katz hand, sind mir nia meah in da Urlaub g'fahra. Mitnehma ka ma a Katz it, zua fremde Leit gaut sie it ond ins Tierheim dond mir sie it. Mir, mei Frau ond i, wolltat hui'r zua onserem Hochzeitstag onsara Hoachzeitsreis, dia mir bis heit noit g'macht hand, endlich nachhola. Weil onsara Katz scha so alt isch ond a Zeit lang gar it guat beianand'r war, hau i im Stilla g'hofft, daß es hui'r mit onser'r Hoachzeitsreis klappt. Dau hau i mi schwer täuscht. It bloß, daß onsara Katz meah schneidig beianand'r isch, isch ons zu allem Übl au no a junga Katz zuag'laufa.

Ond weil bekanntlich dös oim Glück bringt, haut sie mei Frau adoptiert. Iatzt hand mir glücklich zwoi. Dau gang i wund'rbare Zeita entgega. Dau derf i mi die nägschte 15 Jauhr in meim oigana Bett nomma groaß rega. Dös Scheane an der Katz, dia ons zuaglaufa isch, isch dös, daß sie alles frißt. Dia isch it so anspruchsvoll wia die onsrige. Wia es erscht neulich mittags mei Leibspeis, süaß-saure Kuttla mit viel Wei'beer denn geah haut, hau i mir en Tell'r voll für da Aubad in ma Häfale mit Deckl in da Kell'r nag'schtellt, weil sie aufg'wärmt no a'maul so guat schmeckat. I hau mi da ganza Nametag wia a kloins Kind aufs Aubadessa g'frait. Allhui hau i auf d' Uhr guckat, ob es noit bald Zeit isch. Wia es nau glücklich Sechsa war, hau i 's Häfale mit de Kuttla aus'm Kell'r g'hollat ond haus zom Aufg'wärma auf da Herd g'schtellt. Weil ma in deam Fall a'weng a Wass'r neiduat, daumit nix a'liegt, hau i zua deam Zweck da Deckl vom Häfale wegg'nomma – – ond dau sieh i nau, daß dös Häfale bis auf a Lorbeerblatt blitzblank ausg'schleckat isch. Mir, mei Frau ond i, hand ons scha g'wundrat g'hett, daß d'r Baule sei Fressa schtanda haut lau. Mir hand no zuanand'r g'sait: „Es wird ihm doch nix fehla." 'S Raffinierte an deam Baule isch ja dös, daß der it bloß meine Kuttla samt de Wei'beer ratzebutz g'fressa haut, der haut au hint'rher da Deckl auf's Häfale meah so drauf g'legt, daß ma's it merka hätt solla.

An deam Aubad hau i im Zoara zom Baule g'sait: „Wie du mir, so ich dir" ond hau ihm a ganza Dos Whiskas weggessa. Dös haut it a'maul schlecht g'schmeckt. D'r Nauchteil war bloß der, daß mir am nägschta Tag alle Katza nauchg'laufa sind ond daß d' Hond mi a'knurrat hand.

Die blauen Dragoner . . .

Wia i erscht neulich im Radio dös Liad „Die blauen Dragoner sie reiten" g'härt hau, isch es mir plötzlich wied'r ei'g'falla.

Dös isch scha arg lang her, wo dös passiert isch. Es war zua der Zeit, wo es no Dragon'r geah haut.

D'r Gropp'r Schorsch war soweit koi o'rechtes Mannsbild, bis auf sei Sauferei. Jed'n Samstag haut er halt sein Wucharausch g'hett. Der Rausch war so sich'r wia 's Amen in d'r Kirch. Sui, d' Gropp'r Zenz, haut's scha g'wißt, wenn er von dauhoim futtganga isch, daß er voar morgens om Zwoi mit seim Affa it hoimkommt. Sie haut sich daud'rauf eig'schtellt ond zwar a so, daß jed'n Samstag von d'r Dragon'rkasern oin'r zu ihr in da Hoigarta komma isch. Zwecks d'r Ont'rhaltung ond au so. Weil derjenige bis om Zwölfa meah ei'passiera haut müassa ond ihra Schorsch voar morgens Zwoi nia hoimkomma isch, isch dös lang guat ganga. Was aus so ma Hoigarta alles werda ka, dös ka ma sich leicht voarschtella. Am Schluß wars halt allaweil soweit, daß ma mitanand'r ins Bett ganga isch, om in d'r Kuche 's Liacht zom spara. Als ordentlich'r Soldat haut der sei Hos jedesmaul an da Schorsch sein Bettstattpfoschta nag'hängt, daumit er sie glei griffbereit haut. Es isch alles lang guat ganga. Bis auf oimaul. Dau hand se da Schorsch in sein'r Stammkneip a so g'ärgrat, daß er scha om Elfa ond fascht no nücht'rn auf ond dauvon isch. Schnurstraks hoim.

Wia dia zwoi, d' Zenz ond ihra Dragon'r, ihn in d' Kuche reirompla hand hära, send se zua Toad erschrocka. „Iatz was doa?" haut d'r Dragon'r g'fraugat. „Dös laß na mi macha", haut d' Zenz drauf g'sait. „Guck du, daß du ont'r d' Bettschtatt na'kommscht." D'r Dragon'r isch schnell ont'r d' Bettschtatt g'schlupft, haut da Schnauf'r a'g'halta ond haut bloß g'hofft, daß er voar Zwölfa meah rauska. Zwecks em Zapfastreich ond so.

Wia d'r Schorsch nau wia jed'n Aubad in d'r Unt'rhos in d' Schlaufkamm'r reikomma isch, haut sei Zenz so fürcht'rlich g'stöhnt ond g'jammrat, daß es em Schorsch angscht ond bang woara isch. „Zenzale was fehlt dir?" haut er g'fraugat. Sie haut zu ihm g'sait: „Lauf bloß schnell in d' Apotheak ond hol mir Ebbes gega meine Ont'rleibsschmerza. I halts schier nomma aus."

Ganz aufgeregt ond durchanand'r haut d'r Schorsch sei vermeintlicha Hos von seim Bettstattpfoschta g'nomma, haut dia im Dunkla a'zoga, a elektrisches Liacht haut ma dortmauls in d'r Schlaufkamm'r it g'hett, ond isch nau im Karacho in d' Apotheak g'schpronga. Es haut scha a Zeit lang daurat, bis ihn d'r Apotheak'r neiglau haut. Er haut da Schorsch g'fraugat, wo es fehlt ond haut ihm nau a guates Abführmittl für d'r Frau ihre Ont'rleibsschmerza in d' Hand druckt. Wia d'r Apotheak'r da Gropp'r in seim Aufzug von oba bis onta betrachtat haut, haut er ihn g'fraugat, wia lang er scha zua de Dragon'r eig'ruckt sei. Wia d'r Schorsch nau so an se naguckat haut, isch ihm a Liacht aufganga. Bis er hoimkomma isch, war d'r Dragon'r mit oin'r von seine zwoi Hosa scha lang auf ond dauvon.

Ma haut sich dortmauls, it so wia heit, weaga jed'm Dreck glei scheida lau. Er haut sein'r Zenz so richtig da Grend verschla ond daumit haut sichs g'hett. Dös hoißt it ganz. Vom Abführmittl haut sie ont'r sein'r Aufsicht drei Eßlöffl voll nehma müassa, obwohl d'r Apotheak'r zu ihm g'sait haut: „Höchstens eine Messerspitze voll." Sie isch drei Däg vom Abort nomma rauskomma.

Ebbes Guates haut dia Sach doch no g'hett. D'r Schorsch isch seit deam an de Samstag früah'r ond moischtens nücht'rn hoimkomma. Doch dös haut er it sei lau könna. Jedesmaul bevoar er in sei Bett neig'leaga isch, haut er ont'r dia zwoi Bettstatta guckat, ob dau it oin'r donta leit.

Herbscht

Iatzt wird es Herbscht,
ma merkt es all mehr,
es schterbat d' Bloma
scha rings om oin her.

Obwohl ons d' Sonna
no verwöhna mächt,
was nützt dös alles,
gefährlich sind d' Nächt.

D' Dahlien ond Aschtra
ond d' Rosa so rot,
oi kalta Nacht bloß
ond scha sind sie tot.

Auf de Bäum hangat d' Äpfl
bloß no a kurza Zeit,
no a paar Tägla,
nau isch es so weit.

Nau könnat beide,
müad von d'r Lascht,
sich meah aufrichta,
Zweigla ond Ascht.

Mais ond Kartoffla,
au dia sind dauhoi,
was no zom Ernta isch,
sind d' Trauba alloi.

D' Trauba werdat g'leasa,
nau kältrats ma ei
ond nau haofft alles,
auf en goldana Wei.

's Jauhr isch erfüllt,
trotz Nässe ond G'fauhr
ond alles wied'rholt sich
im kommenda Jauhr.

Dau blüaht es wied'r,
so wia bisher au,
Bloma standat im Garta
ond auf'm Gras liegt d'r Tau.

Bloß bei ons Menscha,
dau isch es it gleich,
dau isch es ganz and'rscht,
bei Arm ond bei Reich.

Mir müßat halt ganga,
wia im Früahling d'r Schnea
ond mir kommat auf d' Erde,
ganz g'wiß nomma meah.

D'rom dond jed'n Tag nutza,
wenn d'r Lebensherbscht isch,
denn was hint'rher sei wird,
ma woiß halt nix g'wiß.

Zua meim Siebzigschta

I hau da Herrgott troffa,
es war dussa im Wald,
mei Herz war ganz weit offa
ond d' Glocka hand wid'rhallt.

„Martin!" haut er zua mir g'sait,
„i woiß, du wirscht hui'r 70 Jauhr,
woischt was, i mach dir a Fraid,
vergiß deine weiße Haur.

I laß die no a'maul jung sei,
was moinscht, so om 17 rom?
Üb'rleg it lang, schlag ei
ond fang no a'maul a mit Schwong

I woiß it, warom grad du,
ab'r dös haut iatzt nix zom sa,
es gäb ja no andere g'nua
ond au Bessere – o ja.

Denk dir, wia schea es wär,
no a'maul siebzehn zom sei,
koine Sorga, koi Beschwehr
ond jed'n Tag Sonnaschei.

Du kannscht dich verliaba,
so oft es dir g'fällt,
du brauchscht dich it begnüaga,
nimm vom Glück d'r Welt.

soviel du kannscht traga,
nimm ond greif zua,
laß es dir it zwoimaul saga,
du schwäbisch'r Bua."

Dau bin i daugschtanda
ond hau it g'wißt, was sell i sa,
frei von alle Banda,
i moin doch, i sag ja.

Koi Rheuma, koin Hochdruck,
koin Schwindl, koin Kropf,
alle Zähn no, 32 Stuck
ond no en jugendlicha Kopf.

Meine Füaß gand meah schnell'r,
d'r Schnauf'r isch mobil,
a Herz wia a Propell'r,
koi Prothese, koi Brill.

Koine Pilla, koine Tropfa,
koi Pulv'r, koi Saft,
koi Mittl zwecks em Verstopfa,
a Kerle voll'r Kraft.

Wenn i dau d'radenk,
wia schea dös alles wär,
a so a herrlichs G'schenk
ond doch fällt mir 's Jasaga schwer.

Weil – ond iatzt kommt es,
dös wird koi Mensch beschtreita
ond grad dös, dös isch es,
weil alles haut zwoi Seita.

I kenn dia Seita so ond so
aus meine viele Jauhr,
i frai mi ond i bin froh,
üb'r meine weiße Haur.

D'rom hau i zom Herrgott g'sait,
nix Besseres fiel mir ei:
„I ka it, es duat mir leid,
laß mi meine Siebzig sei.

Doch, wenn Du mir was schenka willscht,
nau mächt i ganz bescheida sa,
wenn Du mir mein Wunsch erfüllscht,
nau häng mir a paar Jährla hinta na.

Dia dät i dankbar nehma,
dau sag i nau it noi,
doch, soweit sollscht Du mi kenna,
dös üb'rlaß i Dir ganz alloi."

Es war doch erscht gescht'rn

Wenn i in da Spiagl guck
ond mi so betracht,
nau dät i am liabschta saga:
O mei! O mei! Guat Nacht!

Was dau rausguckat,
isch alles, bloß it schea
ond doch bin i,
au a'maul jong g'wea.

Was i iatzt sieh,
sind bloß no Falta
ond doch hoißt es,
i häb mi guat g'halta.

Dös ka scha sei,
vielleicht isch es au wauhr,
wenn ma in Betracht ziaht,
meine siebzig Jauhr.

Sieba Jauhrzehnte,
wo sind dia bloß na,
es war doch erscht gescht'rn,
daß i g'schpielt hau mit d'r Eisabah.

Gescht'rn war es erscht,
daß i in d' Schual bin komma
ond daß i da Ranza,
auf mei kloines Buckale hau g'nomma.

Gescht'rn war es doch erscht,
wo mi mei Muatt'r, inn'rlich gerührt,
in d' Volksschual nei,
in de erschte Klaß haut g'führt.

Gescht'rn war es, wo i,
mei Herz war so schwehr,
am liabschta mit ihr
meah hoimganga wär.

Es war doch erscht gescht'rn,
wo d'r Himml so blau
ond wo i a jonges Mädle
g'heiratat hau.

Wo mir nau,
weil Kriag war im Land,
mit nix, mit scha gar nix
a'g'fanga hand.

Es war doch erscht gescht'rn,
i kenn mi scha bald nomma aus,
wo onsere Kind'r,
wia flügge Vögala sind naus.

Es war doch erscht gescht'rn,
ma muaß dös Gefühl kenna,
daß mir a kloin's Häusle derfat
als 's onserige nenna.

Mir hand g'schparat,
a ganzes Leaba lang
aufs Häusle, auf da Garta
ond ringsrom d'r Vögala G'sang.

I mächt in deam Häusle
a paar Jährla no bleiba
ond ich mächt hia ond da,
a paar Versla no schreiba.

I mächt mein'r Frau zuagucka,
beim Gärtla ond Säa
ond i dät, wenn es an d'r Zeit isch,
da Rasa nau mäha.

I mächt no 's Holz b'sorga,
für dia Zeit, wo es kalt,
es liegt ja g'nua rom,
dussa im Wald.

Denn mir hand no Öfa
wia früah'r dauhoi,
mit Knischtra ond Schnölla
ond mit ma warma Fui'rschei'.

I mächt, i mächt,
was soll i no sa,
i mächt onsara Katz,
in d'r Stuba romtra.

I mächt, i mächt,
dau fällt mir was ei,
i mächt halt a paar Jährla
no glücklich sei.

Erinnerunga

Wia i erscht neulich nauch lang'r, lang'r Zeit in mein'r Krombach'r Hoimatkirch denna g'schtanda bin, in der i tauft, g'firmt ond traut woara bin, isch mir so mancha liaba Erinnerung durch da Kopf ganga.

I hau mi als Schualbua in d'r erschta Bank kniagla seah, hint'r mir d'r Schualranza, aus deam d'r Schwamm ond d'r Tafllappa raushangat. I hau mi in d'r zwoita ond dritta Bank g'seah, dös isch ganz in d'r Nähe vom erschta Beichtschtuahl. I hau mi in Gedanka g'seah, wia i zom erschta Maul in dean Beichtschtuahl nei'ganga bin. An meine erschte Sünda, dia i mit klopfendem Herza beichtat hau, ka i mi heit no guat erinn'ra. Es warat laut'r läßliche Sünda, laut'r Glomp. Was ma halt in deam Alt'r so duat. Lüaga, Nascha, Itfolga, Narratsei ond so weit'r. A sogenannte Toatsünd war noit d'rbei. An deam Tag, wo i zom erschta Maul beichtat hau, hau i von mein'r Muatt'r a kochats Oile kriagt, dös war so Brauch.

Jedes Jauhr bin i in d'r Kirch om oi Bank weit'r nauch hinta komma. Ma haut dia Bank, wo ma neig'härt haut, entsprechend verteidigt. Wenn dau zom Beischpiel oin'r nei'g'wöllt haut, der in d'r Schual a Klaß niedrig'r war, nau haut mas deam scha zoigat, wo er nag'härt. D' Mädla warat sowieso auf d'r andara Seita. Nauch deane haut ma in de erschte fünf, sechs Bänk gar it guckat. In d'r siebta ond achta Bank haut ma scha ab ond zua en Blick rischkiert. Weil dös zua de Mädla nomgucka it ohne Kopfdreha ganga isch, haut ma ab ond zua vom Kaplan, der auf d' Buaba aufpassa haut müassa, en Box'r kriagt. Manchmaul haut ma au auf da Hauptgang nauskniagla müassa. Feig'rweise isch d'r Kaplan allaweil hint'r oim g'wea, anschtatt voar oim, wo ma ihn nau g'seah hätt.

Wia i mit meim Firmadotle an d'r Firmung auf da Heiliga Geischt ond auf d' Uhr g'wartat hau, bin i, weil es nauch'm Alphabet ganga isch, au meah ziemlich weit vorna kniaglat. Omsomehr hau i vom Heiliga Geischt verd'wischt. Zua ma richtiga Firmungsrausch bin i, so wia dia andere Firmling, leid'r it komma, weil i zom Trinka bloß a Limo kriagt hau.

Wia i scha 's erschte Jauhr in d'r Lehr war, bin i no a'maul in die vordere Bänk nei'komma ond zwar bei d'r Chrischtalehr. Ausgerechnet an de Sonntag Nachmittag war dia. Dau haut es nau scha passiera könna, daß ma sich nauch d'r Chrischtalehr mit ma Mädle troffa haut; all'rdings weit voar'm Städtle dussa, daß ma an niemand na'g'laufa isch. Trotzdeam sind mir a'maul, mei Schwarm ond i, an da Herrn Kaplan nag'laufa. Der haut mi nau im Auftrag vom Herrn Stadtpfarr'r in da Pfarrhof neib'schtellt. Dau hau i nau als Buße, an zwoi Fei'raubad, en Ster Holz beiga müassa. Jedesmaul, wenn ma im Früahjauhr im Pfarrhof 's Holz kriagt haut, isch d'r Kaplan in d'r Gegend romg'fahra, wo er so en Domma wia mi, g'suacht haut. I glaubs ja it, daß der Auftrag vom Hochw. Herrn Stadtpfarr'r komma isch. I glaub eh'r, daß der von d'r Pfarrköchin komma isch, denn dia haut im Pfarrhof regiert. Dös mit'm Holzbeiga isch mir bloß oimaul passiert. Beim zwoita Maul, wo mi d'r Herr Kaplan verd'wischt haut, hand mir dean saub'r reig'legt. Dau haut sich nämlich mei Freind Sepp, der en Kopf kloin'r war wia i, als Mädle verkloidat g'hett. Dös geischtreiche G'sicht vom Kaplan hättat ihr seah solla.

Wia i nau aus de vordere acht Kirchabänk dussa war, hau i mir en Platz auf d'r Boarkirch (Empore) rausg'suacht. Dau nauf zom komma war gar it so oi'fach, denn dia sogenannte Stammkunda hand ihre Plätz heroisch verteidigt. Dau hau i's zom erschta Maul g'schpürt, wia schwer es isch, nauch oba zom komma. Ab'r eines Sonntags war es doch so weit, daß i mein Platz ganz vorna dana g'hett hau. Auf deam Platz haut ma mehr guckat ond g'schpechtat, als wia beatat. Ond was ma dau alles g'seah haut! Dau hau i mein Chef ond andere Sünd'r ond schei'heilige Brüad'r so richtig von oba ra betrachta könna. I muaß saga, dia Aus-Ein- ond Hineinsicht von dau oba war großartig. Spitza, flache ond hoahe Dekolletès, steife Männ'r-Gummikräga, Kragaknöpfla, dreckate Häls, unmögliche Damahüat ond woiß Gott was no alles, haut ma dau g'seah. Om dean Aussichtsplatz sich'r zom verd'wischa, bin i oft scha a Viertlschtund früah'r in d' Kirch nei'ganga. So fromm war i daumauls.

1945 war es, wo i in mein'r Hoimatkirch zom letzschta Maul ganz vorna kniaglat bin. Es war an mein'r Trauung. A Kollegin von mir, dia mi au ganz geara g'heiratat hätt, haut g'orglat. (Sie hat auf der Orgel gespielt). Plötzlich haut sie ganz zart ond fei dös Liad „Hörst du mein heimliches Rufen" in ihr Spiel ei'g'flochta. I hau es g'härt ond i hau au g'wißt, was sie daumit saga will. Bis die andere Leit d'rauf aufmerksam woara wärat, war dös unheimliche Rufen scha meah voarbei. I hau trotzdeam „ja" g'sait ond i hau es bis heit noit bereut.

Mei Hoimatkirch isch bei weit'm it so groaß ond au it so schea als wia d' Ottobeir'r Basilika, wo i iatzt na'g'här, ab'r in ihr sind meine schönschte Erinnerunga.

Mei Hoimatstädtle

I kenn a Städtle im a Tal,
omrahmt von Wald ond Hügl.
I kenn dös Städtle allemal,
wia mei G'sicht im Spiagl.

In deam Städtle bin i oft
durch alle Straußa ganga,
dau hau i bangt ond g'hofft,
hau geaba ond empfanga.

Dös Städtle isch mei Hoimatort,
denn dau bin i geboara,
dau schwätzt ma no a schwäbischs Wort,
wia: Ja Huarament ond Zoara.

Dau hau i g'schpielt als Kind,
alloi ond au im Reiga,
dau hau i im Oktob'rwind,
meine Dracha lassa steiga.

Dau hau i g'lernt ond g'üabt
für meine schpätere Jauhr,
dau war i gar oft verliabt,
in blonde ond in schwarze Haur.

Eines Tages bin i naus,
hau mein Hoimatort verlassa,
mei kloines Elternhaus
ond dia liabvertraute Gassa.

Viele Jahre sind seit deam
im Meer d'r Zeit versonka
ond oftmauls hau i weam,
en Abschiedsgruaß nauchg'wonka.

Manchmaul komm i wied'r her,
in mei alta Hoimatstadt
ond nauch suach i kreuz ond quer,
was mi einscht begleitet hat.

Ond i find, ihr glaubats kaum,
was längscht verganga ond verbaut
ond sei es bloß im Traum,
weil ma dös im Herza haut.

In meim Herza liabe Leit,
dös isch iatzt koi Gestamml,
liegt tiaf verankrat, was mi frait,
mei Krumbach an d'r Kamml.

93

I war a'maul a Waldbesitz'r

Voar viele, viele Jauhr hau i a'maul zom Mess'r griffa. Jawoll zom Mess'r! Gell, dös dät ma mir au it zuatraua. Ab'r i hau's doa müassa. Dau hau i nämlich im Wald dussa mei erschtes Herz in en wuchtiga Eichenstamm neig'schnitzt. Ond dauzua hau i a Mess'r braucht. I hau a extra groaße deutsche Eiche rausg'suacht, daumit i dös Herz au dementsprechend groaß schnitza hau könna. A groaßes Herz war mir allaweil scha liab'r als wia a kloines, wo ma it viel in d'r Hand haut. In dös Herz nei hau i onsere zwoi Anfangsbuachschtaba M + E g'schnitzt. Dös war gar it so oifach, weil i zwischanei all wied'r gucka hau müassa, ob it d'r Förscht'r kommt ond weil dia Eiche ganz schea hart ond wid'rschtandsfähig war. D'r Förscht'r isch an deam Tag it komma, ab'r a paar Däg schpät'r ond zwar glei zua mir ins Haus. Er haut dös M + E, obwohls it g'schtimmt haut, einwandfrei als Martin Egg entziffrat. Es haut mi drei Mark Strauf koschtat. Dös war dortmauls, wo vier Wecka zehn Pfennig ond wo a Halbe Bier 25 Pfennig koschtat haut, a Haufa Geld; ab'r dös Mädle, wo i daumit g'moint hau, war dös scha wert. Am Sonntag drauf hau i ihr dös Herz im Wald dussa zoigat. Sie war glückselig. Ond erscht i! Wia i mi kenn, hau i ihr angesichts der deutschen Eiche bestimmt „ewige Treue" g'schwora.

Erscht neulich bin i nauch mehr als fuchzig Jauhr voar der Eiche g'schtanda; 's Herz ond d' Buachschtaba warat arg verwitt'rat. So wia i, wenn i in da Spiagl guck, ab'r ma haut es no guat als M + E entziffra könna. Wia i au hin ond herüb'rlegt hau, wean i dortmauls mit deam „E" g'moint hau, es isch mir it ei'g'falla. I hau mir alle E durch da Kopf ganga lau ond dau war i mir nomma sich'r, war es d' Erika, d' Emmi, d' Edith, od'r war es d' Elisabeth, d' Edltraud od'r d' Eleonore. D' Eva war es ganz g'wiß it, denn für dia hätt i gar koin Baum g'fonda, so war dia beianand'r.

Bei all de andere Bäum, denn es isch it bei deam oina blieba, war i mit'm Namaneischnitza voarsichtig'r, dau hau i erschtens sölche g'nomma, dia zom Schnitza viel weich'r sind ond zwoitens hau i onsere Anfangsbuachschtaba nomma vorna, sond'rn auf d'r

Rückseite vom jeweiliga Baumschtamm neig'schnitzt. Wenn ma es genau nimmt, nau hau i a Zeit lang en oigana Wald g'hett. So 25 bis 30 Bäum bring i leicht zäma. Oi Rotbuche war au d'rbei.

Viele von meine Bäum sind nomma dau ond genau soviel von meine Herzer sind in Flamma aufganga. Wenn dia beim Verbrenna au so warm g'macht hand, wia mir zua der Zeit, wo i's g'schnitzt hau, nau frait es mi, daß i so oft verliabt war.

Durch oi Herz, dös i b'sond'rs schea g'schnitzt hau, hau i a paar Monat schpät'r en Pfeil durchg'macht. Dös Mädle haut mi ausgerechnet weaga einem Forsteleven, dös isch a Praktikant in d'r Forstwirtschaft, sitza lau.

Geaga dean bin i it aufkomma, der haut it bloß a Uniform ond G'wehr g'hett, der haut sie au no g'heiratat.

Sieben Wünsche

Es gibt in meim Alt'r nomma viel an groaße Wünsch. I bin zwar no nia g'floga, i hau au bloß a paar andere Länd'r (Österreich, Schweiz u. Italien) g'seah, i war noit a'maul in Berlin od'r in Hamburg. I war it in d'r Lüneburg'r Heide ond i war au noit auf Helgoland. I war halt am liabschta dauhoim in meim Schwaubaländle.

I hau au no nia Hummern od'r en Kaviar gessa ond i hau au no nia Austern g'schlürft. I hau mi mehr an da weißa ond roata Preßack ond an da Leab'rkäs g'halta, weil es 's Högschte für mi war, wenn i als Kind a Bröckle von deane Raritäta kriagt hau. Mei erschtes Ripple hau i zom Beischpiel erscht kriagt, wia i g'heirat hau.

Wenn i zom Beischpiel no sieba Wünsch frei hätt, nau wärat dia genau so bescheida, wia mei ganzes Leaba bisher.

I mächt bloß dös, was i iatzt aufzähl, no a'maul erleaba. Warom grad sieba Wünsch? Weil die Zahl Sieben mei Glückszahl isch.

Mei 1. Wunsch: I mächt en Dag lang a Bua sei,
so fünf bis sechs Jauhr alt.
I ging nau, wenn i au kloi bin,
mit mein'r Muatt'r in da Wald.

So wia es daumauls war,
wovon i heit traima dua,
an d'r Hand von d'r Muatt'r
ond i här ihr beim V'rzähla zua.

Sie haut all so Vieles g'wißt,
was i wied'r a'maul hära mächt,
mir sitzat mitanand'r im Moos
ond üb'r ons klopfat a Specht.

Zwischanei ruaft d'r Kuckuck,
a paar Reahla huschat voarbei
ond am tiafblaua Himml,
grüaßt d' Sonna da Mai.

D' Maiglöckla duftat,
dia d' Muatt'r haut pflückt,
was ka es bloß sei,
was oin so beglückt?

So en Dag no a'maul erleaba,
dös wär halt a Fraid,
wenn i so z'ruck denk,
es war a herrliche Zeit.

Mei 2. Wunsch: Mei zwoit'r Wunsch wär der:
Dau war i zeha Jauhr jung
ond i hau mi riesig g'frait,
auf mei baldige Firmung.

Denn i hau g'hofft,
daß i a Uhr kriaga soll,
oina mit ma Sprungdeckl
ond vergoldat, ganz toll.

Wia es nau soweit war,
war i ziemlich verdreht,
denn sie war it vergoldat
ond sie haut au koin
        Sprungdeckl g'hett.

Mei Dante haut dia rausg'suacht,
dös war meim Dotle sei Frau,
dia war d'r Meinung,
dia duats für mi Lausbua au.

Dean Dag mächt i no a'maul erleaba,
genau so, wia der isch g'wea.
Wenn Ihr mi fraugat warom?
i mächt dia Dante no a'maul seah.

Mei 3. Wunsch: Mei 3. Wunsch isch au bescheida,
so wia meine erschte zwoi,
doch mei voariga Dante,
isch dau au wied'r d'rbei.

Dia haut a Tocht'r g'hett,
dia hau i geara g'seah.
Sie war, i glaub elf Jauhr alt
ond i bin noit ganz zwölfa g'weah.

Jedes Jauhr in de Groaße Ferien,
i vergiß dös nomma,
isch sie mit ihre Eltra,
zua mein'r Großmuatt'r komma.

Sie war von d'r Stadt
ond i war vom Land.
I hau no mit Pfeil ond Boga g'schossa
ond wollt no Burga baua im Sand.

Doch sie, wia soll i saga,
wollt von all deam nix meah wissa,
dia wollt mir was Nuies zoiga
ond zwar, wia ma duat küssa.

Dau bin i it schlecht verschrocka,
i hau it g'wißt was ma dau duat,
mir wars ganz schwindlig
ond mir wars gar it guat.

Mei Herz haut glei klopfat,
so hau is gar it kennt,
i hau müassa d' Auga schliaßa,
nau war i gar no blend.

Doch was nau komma isch,
wia soll i dös beschreiba,
i hau mir bloß g'wonscha,
es sott allaweil so bleiba.

Im nägschta Jauhr war es no schean'r
ond im üb'rnägschta erscht recht,
ab'r nau mei Liab'r,
dau kennat Ihr mei Dante fei schlecht.

Nau isch sie ons d'raufkomma,
sie haut scha lang Ebbes g'schpannt,
von deam Dag a war es nau Schluß,
mit de Ferien auf'm Land.

So en Dag no a'maul erleaba
ond no a'maul so schea sei,
wia dös, was i grad v'rzählt hau,
dös wär mei Wunsch Nomm'r drei.

Mei 4. Wunsch: Es war anno 1933,
dau war i Lehrling im erschta Jauhr,
mit ganze zeha Mark Monatslohn,
dös isch u'gloga wauhr.

Mit meine erschte zeha Mark,
i hau es „Noatopf'r" tauft,
bin i auf Billahausa g'loffa
ond hau mir a Fahrrad kauft.

Dean Weag mächt i no a'maul ganga,
's Herz voll'r Fraid ond Schwung,
a naglnuies Fahrrad
ond achtzehn Jauhr jung.

Zwölf Monat haut es daurat,
bis i meine Schulda war los,
doch an deam Dag wo is kauft hau,
war mei Fraid riesagroß.

I hau mi wia a König g'fühlt,
doch land mi no saga,
weil dös Fahrrad ganz nui war,
hau i es hoimwärts traga.

Mei 5. Wunsch: Es war a Dag, wia aus'm Märchenbuach,
a Dag, dean i nia vergessa ka,
mit ma herrlicha Morgarot
fing der scha a.

Ma sait zwar,
a Morgarot sei it guat,
weil es an so ma Dag,
zom Reagna komma duat.

An deam Dag hauts it g'schtimmt,
dös woiß i no ganz genau,
weil üb'r ons Zwoi,
alles war himmlblau.

Iatzt hau i mi scha verrauta,
weil i „ons" hau g'sait,
a tiafblau'r Himml
ond mitta im Wald zu z'woit.

Dau brauch i nomma weit'rv'rzähla,
was no alles isch g'scheah.
Doch land mi saga,
es isch gar it so g'weah.

Es war ganz and'rscht
ond kaum zom Ermessa,
sonscht hätt i dean Dag,
doch scha längscht vergessa.

Es war d'r schönschte,
dean i je hau erlebt,
d'rom hau'n i au so tiaf
in mei Erinnerung neig'webt.

Wenn i meine Auga schliaß,
nau sieh i mei Fee
ond mitta im Wald denna,
dau liegt ons'r See.

Seerosa hau i brockat,
ond haus ihr nau g'schenkt,
i dät geara wissa,
ob sie au no an mi denkt.

An dean, der so domm war,
daß es oin glei rührt,
sonscht hätt er an deam Dag,
dia Fee doch verführt.

Iatzt wo i alt bin
ond so manches geara mächt
ond doch nomma kriaga ka,
stinkt mir dös erscht recht.

Mei 6. Wunsch: Dös isch a ganz ander'r,
der haut Ebbes mit Geld zom doa.
I war grad von de Amis entlassa
ond war ganz ohne Loah.

Dös war im Mai 1945,
wo d' Ami hand ons befreit
ob dös au wauhr isch?
Mau haut halt so g'sait.

Wo ma oms deutsche Geld
scha gar nix haut kriagt
ond wo es g'hoißa haut:
„Koi Wond'r, der schiabt!"

Dau hau i a Briafmapp g'fonda,
mit Ami-Ausweis ond Geld.
Es warat üb'r 5000 Dollar denna,
i hau es a paarmaul zählt.

D' Versuchung haut g'schtichlat:
„Nimm es ond b'halts,
mit deam Geld ka'scht du kaufa,
oifach fascht allz!

Mach dir koine Gedanka
von weaga d'r Ehrlichkeit,
denn dös gilt alles nomma,
in der unruhiga Zeit!"

Mir hand ons besprocha,
mei Frau ond i
ond am Schluß haut es g'hoißa:
„Behalta gar nie."

Ma haut ons so erzoga
ond wia oft hau i dös g'härt,
daß d' Ehrlichkeit
am all'rlängschta währt.

Daunauch hau i g'handlat
ond es frait mi no heit,
daß i dös so g'macht hau,
in der kritischa Zeit.

Als Dank hand mir d' Ami,
dös sag i natürlich au,
a Schreibmaschin g'schenkt,
mit der i 's Dichta a'g'fanga hau.

Rückblickend ka i saga,
trotzdeam es so war,
mir sind glücklich woara,
au ohne Dollar.

Mei 7. Wunsch:　I komm iatzt
zom Wunsch Nomm'r sieba,
denn der alloi,
isch no übrig blieba.

Als Kind hau i mi g'forchta
voar de Hexameischt'r,
voar'm Nachttrap
ond voar de base Geischt'r.

Wia i groaß war,
i vergiß dös nomma,
bin i tatsächlich mit ma Geischt
in Berührung komma.

Ond dös au no,
dös war ja dös G'frett,
weit von dauhoim weg,
in ma fremda Bett.

Es war in d'r Nacht Schlag Zwölfa,
dau haut mi Ebbes g'schtupft
ond nau o Schreck! isch a Geischt
zua mir ins Bett neig'schlupft.

I bin it schlecht verschrocka,
mei Herz haut klopfat wia verruckt
ond doch bin i,
a' weng auf d' Seita g'ruckt.

Was wollt i anderes macha,
i war in sein'r Gewalt,
i hau hoimle beatat:
„O Maria hilf mir halt!"

I war ganz ruhig,
i hau mi kaum g'rührt,
doch plötzlich hau i,
ebbes Herrliches g'schpürt.

I muaß dauzua saga,
dia Schtund sei gepreist,
es war a bildsauberes Mädle,
es war gar koi Geist.

So haut ma ons erzoga,
so richtig saudomm,
bis i draufkomma bin,
war dia Geischt'rschtond rom.

Heit muaß i dauzua saga,
dia Schtund, dia hau i versaimt,
so muaß i mir halt denka,
i hau dös alles bloß traimt.

Dia Schtund no a'maul erleaba,
so jung sei wia dött,
dau ging i mit meim Geischt,
scha om Neuna ins Bett.

Ja, so isch halt 's Leaba
ond so vergaut au d' Zeit
ond zom groaßa Glück,
au Komm'r ond Leid.

Doch alles Scheane,
dös leuchtat wia Kerza,
es bleibt in d'r Erinnerung
ond bleibt in onsere Herza.

Dau soll es au bleiba,
dau g'härt es au nei,
denn was dau denna isch,
dös g'härt oim ganz alloi.

Die Studienreise

Wenn ma in a gewisses Alt'r kommt, nau haut ma viel Zeit zom Nauchdenka. Nau fallat oim manchmaul Sacha ei, dia oin nomma losland. So isch es au em ma Freind von mir erganga. Deam isch eines Tages dia Idee komma, nauch deane Mädla zom gucka, dia er, wo er no jong ond schneidig war, verehrt ond pussiert haut. Pussiert haut er ja viele in sein'r Sturm- ond Drangzeit ond mancha von deane Mädla haut sich berechtigte Hoffnunga g'macht; ab'r g'heirat haut er a ganz andara. Dös war voar guat vierzig Jauhr. Nauch vier Mädla, dia ihm in b'sond'rs schean'r Erinnerung blieba sind ond von deane er a jeda geara g'heirat hätt, wenn it all wied'r a andara, a no viel scheanara d'rzwischa komma wär, wollt er forscha ond sie, wenn es möglich isch, b'suacha. Es haut scha a Zeit lang daurat, bis er d' Adressa von deane vier beianand'r g'hett haut. Alle vier Mädla haut er mindeschtens vierz'g Jauhr nomma g'seah, doch alle vier hand Gott sei Dank no g'leabt.

Sei erscht'r Weag haut ihn nauch Müncha zur Loni g'führt. D' Loni wär sei Frau woara, wenn sie it zu ihm g'sait hätt, daß sie a'maul mindestens acht Kind'r will. Er wollt auf vier Kind'r rahandla, ab'r sie haut in deam Punkt it mit sich reda lau. Dös alloi war d'r Grund, warom es mit d'r Loni nix woara isch. Acht Kind'r, dös war ihm z'viel; er war ja dortmauls bloß a kloin'r Angestellt'r mit ma no kloinara Gehalt. Wia er bei d'r Loni mit ma Blomastrauß voar d'r Wohnungstür g'schtanda isch, isch es denn ganz schea laut zuaganga. A Kind'rg'schroi war dau denna wia in r'r Kind'rschual. Er haut a paarmaul läuta müaßa, bis ma ihm aufg'macht haut. Er haut sich voarg'schtellt, daß ihm d' Loni, so wia er sie in Erinnerung haut, entgegatritt. Wia nau d' Tür aufganga isch, haut er momentan g'moint, er häb sich in d'r Tür verdoa, denn dau isch a altes Weible voar ihm g'schtanda ond haut zua ihm g'sait: „Sie wünschen?" Er haut sich voarg'schtellt, daß sie fui'rroat ond verleaga wird, wenn er plötzlich voar ihr staut. Dau haut er sich täuscht, sie haut ihn it a'maul erkannt. Es haut it lang daurat, nau sind acht Kind'r in alle Größen ont'r d'r Tür g'schtanda ond hand ihn mit d'r Loni ihre blaue Auga neugierig a'guckat. Wia er sich nau zom Erkenna geaba haut ond d' Bloma üb'rreicht haut, haut es bei d'r Loni, dia bald sei Frau woara wär, ganz langsam dämmrat. Es isch zua koim groaßa Dischkurs komma, denn dia acht Enklkind'r hand daufür koi Verständnis zoigat. A bißale enttäuscht isch er wied'r ganga; doch inn'rlich war er froah, daß alles so schnell ond so schmerzlos ganga isch. Wenn er an sei Frau dauhoim denkt ond wenn er d' Loni neab'r sie naschtellt, nau ka er, so wia es isch, recht z'frieda sei. Sie hand zwar bloß zwoi Enklkind'r, daufür ab'r it soviel Krach ond Unruah. Ond grad d' Ruah, dia braucht ma in deam Alt'r.

Die Zwoite, dia er aufg'suacht haut, war d' Klothilde in Bamberg. Dia haut ihn voar vierz'g Jauhr beinah feschtg'naglat. Sie war rassig ond tempramentvoll. A bißale zu rassig ond zu tempramentvoll, denn sie haut scha dortmauls neab'r ihm no oin braucht. Wia er dau zur rechta Zeit no draufkomma isch, haut er ihr da Laufpaß geaba. Dös war gar it so leicht, denn sie haut behauptat, sie hätt scha a paar tausad Mark für ihre Aussteu'r ausgeaba. Ab'r sie haut Gott sei Dank koine Zeuga g'hett, daß er ihr 's Heirata versprocha haut. Zu der isch er g'fahra ond haut nauchguckat, was aus ihr woara isch. Dös isch schnell v'rzählt. Sie war scha zom dritta Maul g'schieda ond allaweil no arg rassig ond tempramentvoll. So tempramentvoll, daß sie ihn eig'lada haut, bei ihr a paar Däg zom bleiba ond bei ihr zom üb'rnachta. Ab'r er haut an sein Herzinfarkt denkt, dean er voar a paar Jauhr g'hett haut ond haut dankend abg'lehnt. Sie haut ihn daudrauf so wild a'guckat, als wia voar vierz'g Jauhr, wo er ihr da Laufpaß geaba haut. Was er sonscht no alles zom hära kriagt haut, ka i, weil es jugendgefährdet isch, gar it schreiba.

Bei d'r Dritta war es ganz and'rscht. Dia haut sich riesig g'frait, daß sie ihn nauch soviel Jauhr g'seah haut. Sie haut ganz offa ond ehrlich zua ihm g'sait, daß er au recht alt woara sei ond daß sie ihn bloß an sein'r Schtimm erkannt häb. Ab'r, haut sie lachend hinzuag'fügt, die Jüngschte sei sie au nomma. Dau haut sie recht g'hett. Er haut sie au bloß an ihrem Mutt'rmaul erkannt, dös sie üb'rm linka Aug haut. Sonscht haut nomma viel an d' Maria von voar vierz'g Jauhr erinnrat. D'r Mah von ihr war grad it dau. Sie haut ihn zom Beichta g'schickt. Ond sie selb'r, haut sie g'sait, fahr üb'rmorga auf Altötting ond mach dau Exerzitien mit. Sie sei erschte Voarsitzende im kath. Frauabond; sie singt im Kirchachor ond sei no erscht'r Voarschtand bei d'r Legion Maria. Auweh! haut er sich denkt, isch dia fromm woara. Früah'r isch sie mit ihm liab'r in da Wald, als wia in d' Maiandacht ganga. Na ja, in vierzig Jauhr ka sich viel ändra. Wia er meah ganga isch, haut er voarsichtshalb'r a Weihwass'r g'nomma ond isch bei d'r Tür naus. Wia er auf seim Gang durch da Ort an d' Kirch nakomma isch, isch er neiganga ond haut sich bedankt, daß it er der isch, dean sie zom Beichta g'schickt haut.

Nauch d'r Dritta wollt er scha aufgeaba. Er haut sich denkt, daß es bei d'r Vierta au it viel and'rscht sei wird, als wia bei deane drei voarher. Ab'r dau haut er sich ganz gewaltig täuscht. Dia isch voar ihm g'schtanda, so strahlend jong ond frisch, als wia daumauls voar vierz'g Jauhr. Sie haut ihn mit de gleiche schwarze Auga a'g'lachat wia daumauls, wo für ihn d'r Himml nia blau'r ond 's Getreide nia goldan'r war. So a Prachtmädle haut er it g'heirat. Wenn er dau an die andere drei denkt, nau isch dös a glattes Wond'r. Dös Wond'r haut sich in deam Moment aufg'klärt, wo d' Muatt'r von deam Mädle zur Tür rei'komma isch. Beim nähara Betrachta von deane Zwoi isch ihm a Liacht aufganga. Bald drauf hand alle drei mitanand'r hellauf g'lachat. So hellauf, daß au no d'r Großvat'r komma isch ond guckat haut, was es dau zom Lacha geit. Es isch no a arg nett'r Nachmittag woara.

Auf d'r Hoimfahrt war mei Freind gar nomma unglücklich, daß er koina von deane vier, sond'rn sei Frau g'heirat haut ond er haut fescht aufs Gaspedal treta, daß er früah'r wia ausg'macht von sein'r prähischtorischa Studienreis heimkomma isch.

Wia am gleicha Aubad d' Nomm'r vier mit ihr'r Enkelin alloi war, haut d' Enkelin zua ihr'r Großmuatt'r g'sait: „Hausch'n du g'mögt?" Daudrauf haut d' Großmuatt'r g'sait ond ihre Auga hand d'rbei g'schtrahlt: „Ja, er war mei groaßa Liab ond dean Somm'r, dean i mit ihm erlebt hau, war mei schönscht'r Somm'r in meim ganza Leaba. Sags ab'r it em Großvat'r, der brauchts it wissa. Der dät heit no eif'rsüchtig werda."

Ein Rentner-Alltag

I hau mir scha oft voarg'nomma, a'maul üb'r da Alltag eines Rentners zom berichta. Nauchdeam i selb'r a Rentn'r bin, bin i aus Zeitmangl bis heit it d'rzua komma. Doch heit nimm i mir daufür Zeit.
Früah'r, wo i no berufstätig war, bin i jed'n Morga om Sechsa aufg'schtanda. Wenn i iatzt om dia Zeit aufschtanda will, nau hoißt es glei: Was willscht denn om dia Zeit scha? Dussa isch es ja no nacht! Ka'scht du it wia dia andere Rentn'r au no a Schtond liegableiba? Du gauhscht mir no lang g'nua im Weag om!" Nau lieg i halt wied'r na ond verhalt mi ganz ruhig.
Wenn es früah'r en Boahnakaffee ond frische Wecka zom Früahschtück geaba haut, so muaß i iatzt a Müasle essa. Oins, wo alles mögliche denna isch. Weizenkeime, Bierhefe, Leinsama, Haf'rflocka, Rosina, Nüß, Kürbiskern, a halba Banan od'r a gerieban'r Apfl ond daudrüb'r a hoißa Mill. Dös geit nau so en richtiga Stampf, der weaga seine viele Ballaststoffe recht g'sond sei soll. Na ja, i iß es halt, weil i da Frieda will ond weil i au nix anderes kriag.
Wenn i dös alles gessa hau, nau kommt d' Tageszeitong dra. I fang beim Leasa, so wia d' Juda, allaweil von hintarei a, denn dau schtandat d' Todesanzeiga denna ond was im Ort, im Landkreis ond in meim Schwaubaländle passiert isch. Dia andere Sacha, dia in d'r Zeitong dennaschtandat, wia Wirtschaft, Politik ond Kultur, dia lies i erscht, wenn i d' Zeitong zom zwoita Maul in d' Hand nimm.
Wenn i d' Zeitung g'leasa hau, nau gang i meine Füaß ond d'r frischa Luft z'liab in da Wald naus. Fascht a Schtond lang bin i dau ont'rweags. Manchmaul triff i Ebb'rn, nau ka es scha a bißale läng'r daura, bis i meah hoimkomm. Nau hoißt es: „Wo bischt denn so lang? Wean hauscht denn meah troffa? Wenn ma die a'maul braucht, nau bischt du it dau!" Nauch meim erschta Spaziergang muaß i meine Füaß hochlega; zwecks d'r Durchblutung ond weil i a Thrombose g'hett hau. Weil i, d'r Dokt'r haut es zua

mein'r Frau g'sait, viel trinka soll, im Tag mindeschtens zwoi Lit'r (alkoholfrei), kommt sie, kaum daß i bei d'r Haustür rei bin, scha mit ma Glas Gelbarüabasaft od'r mit ma Glas Butt'rmill. Wenn i viel Glück hau, ond dös hau i in deam Fall oft, kommt sie mit r'r groaßa Taß Brennessltee. Dös isch scha was Feines. Was es mittags zom Essa geit, dös isch für mi oifach. Dau brauch i bloß saga, was i geara mächt, was i mir beim Spazieraganga üb'rlegt hau, nau kriag i's – – it. I sag scha gar nix meah ond laß mi üb'rrascha. Nauch'm Essa muaß i a halba Schtond na'liega. It, weil i nauch'm Essa zom Schtanda z' schwach bin, sond'rn weil es g'sond isch.

Zom Ei'kaufa derf i it ganga, obwohls i geara dät,weil i allaweil viel mehr ei'kauf ond hoimbring, als was ma mir ag'schaffat od'r aufg'schrieba haut. I bin so a Kerle, wenn i Ebbes sieh, nau muaß es her. Ond aus deam Grund hau i a striktes Einkaufsverbot. Ab'r manchmaul, hauptsächlich wenn i in a Metzgerei nei'komm, ignorier i dös Verbot ond kauf ei, daß es für mi a Fraid isch. Laut'r fette Sacha, dia da Colesterinspiagl hebat.

Nauch'm Naliega gauts beim scheana Wett'r in da Garta. Weil i ab'r auß'r em Rasamäha koi Ahnung hau ond alles falsch mach, bin i von dean'r Arbat suspendiert. I hau a'maul, wo mei Frau verreist war, ihre Bloma giaßa müassa. Sie sind alle versoffa, so hau is gossa. Seitdeam hau i mit'm Giaßa mei Ruah.

En Kaffee od'r Tee geits am Nachmittag ganz selta; zwecks em Dickwerda ond weil ma in meim Alt'r nix Süaßes essa soll. Anstelle vom Kaffee od'r Tee kriag i wied'r mein Brennessltee, weil der entwäss'rt, was arg wichtig isch.

Weil i doch geara schreib, wird es mir nia langweilig. Gott sei Dank hau i hia ond da no en guata Einfall, dean i nau mit viel Phantasie aufs Papier bring. Während mei Frau im Garta dussa od'r im Haushalt schaffat, vergaut d' Zeit so schnell, daß sie hinta ond vorna it roicht.

Mein Nachmittagsspaziergang mach i jed'n Tag ond bei jed'm Wett'r; d'r G'sondheit z'liab. Auf d' G'sondheit muaß ma in deam Alt'r achta. Bess'r für oin isch es scha, wenn oim d'r Dokt'r nix verschreiba muaß. Dös Glück hau i it. Was i alles einehma muaß, dös isch a ganza Apotheak. Ebbes fürs Herz, Ebbes gega da

Schwindl, Ebbes zom Bluatverdünna, Ebbes für da Schnauf'r ond no Ebbes fürs H2O. Dös isch die chemische Bezeichnung fürs Wass'r. Auß'rdeam nimm i für 's Allgemeinbefinda no en Knoblauch, Schafgarbe, Mistl- ond Weißdornsaft. Iatzt, wo d' Leit so alt werdat, mächt ma halt au bei deane sei. It bloß zwecks d'r ganza Rente, vielmehr aus deam Grund, weil ma no a paar Jährla beianand'r bleiba mächt. Ma haut sich so ananand'r g'wöhnt, daß ma ohne da Andara gar nomma sei könnt ond mächt – – ond wer dät oin in deam Alt'r scha no wolla?

Wenn ma halt g'wiß wüßt, was hint'rher kommt. Ganz g'wiß isch bloß dös, daß dia Männ'r, dia scha mehr als vierzig Jauhr verheiratet sind, it durchs Feagfui'r müaßat, sond'rn glei in da Himml kommat; 's Feagfui'r hand dia scha auf Erden g'hett.

Wenn i von meim Spätnachmittag-Spaziergang hoimkomm, nau frai i mi scha aufs Aubadessa od'r bess'r g'sait, auf d' Brotzeit. Dau kriag i mein warma Leab'rkäs ond mei Halbe Weiz'n. 'S Brot isch all'rdings a Vollkornbrot od'r a Zehnkornbrot. Anstelle von d'r Butt'r geits a Becel. En Quark od'r en Joghurt muaß i jed'n Tag essa, ob'n i ma od'r it.

Wenn i nau meine Hausschuah ond mein Fei'raubad-A'zug a'hau, nau war es der Tag wert, daß'n i erlebt hau. Wenn i nau, voorausg'setzt, es kommt im Fernseaha koi Fuaßball, so om Zehna rom ins Bett gang, nau dank i em Herrgott für dean Tag ond bitt ihn gleichzeitig om en g'sonda ond froaha nuia Tag.

Om was mei Frau neabadana bittat, dös woiß i it. Wahrscheinlich denkt sie daubei au a'weng an mi, denn wenn i mi it täusch, nau haut sie mi trotz allem no a bißale liab. All'rdings, z'erscht kommat bei ihr d' Kind'r, 's Enklkind, d'r Garta, 's Treibhaus, ihre Bloma, ihre Katza ond nau erscht komm i. Ab'r dös isch bess'r als wia gar nix.

Ons'r Garta

Wenn ma dös Bild genau betrachtat, nau woiß ma glei, wer d'r Herr im Garta isch. Weil i halt gar nix verschtand ond 's Guate vom Unkraut it ont'rscheida ka, derf i im Garta halt bloß dös doa, wo i nix falsch macha ka. I derf halt grad no da Rasa mäha ond wenn es an d'r Zeit isch, da Komposchthaufa omsetza. Dös „nix verschtanda" haut au sein Voarteil. Während Sie im Garta romwerklat, lieg i in meim Liegestuahl ond guck wo and'rscht na. Am A'fang hau i Ihr zuaguckat in d'r Hoffnung, daß i daubei Ebbes lern ond i Ihr so mancha Arbeit abnehma ka. Seit i ab'r beim erschta Omgraba so tiaf graba hau, daß glei 's Grundwass'r komma isch ond i d' Kartoffl so tiaf g'setzt hau, daß dia it nauch oba, sond'rn nach onta g'wachsa sind, brauch i au nomma zuagucka.

Wenn es nau im Garta soweit isch, daß ma acht Wucha lang jed'n Mittag zu zwoit en ganza Kopf Salat ond zur Brotzeit anschtatt Wurscht ond Käs, Tomata, Rettich ond Gurka essa muaß, nau sieht ma erscht, was a oigan'r Garta wert isch. So geara i au die braune od'r die dünschtate Boahna, Erbsa, da Wirsing ond da Karviol (Blumenkohl) ma, a richtig'r Schweinebrauta wär mir trotzdeam liab'r. Seit es dös Wort „biologisch" gibt, isch d'r oigane Garta no wertvoll'r woara. Von de gelbe Rüaba ond vom Randich (Rote Beete), woiß i genau, was dia für lebenswichtige Vitamine hand. Manchmaul moin i, i bin a Has, weil i soviel rohe gelbe Rüaba essa muaß. Von de Gewürzkräut'r will i gar nix saga, denn en Schnittlauch, a Pet'rsilie ond b'sond'rs Schnattra für greane Krapfa, braucht ma zom Kocha fascht jed'n Tag. Weil d'r Knoblauch besond'rs g'sond isch, bauat mir dean ond einige Beete Zwiebl selb'r a. Vom Sellerie sait ma, der sei wichtig für die männliche Potenz. Ka scha sei, ab'r dia Zeita sind bei mir voarbei.

Mit de Erdbeer isch es bei ons no nia Ebbes woara, weil dia sobald dia roat scheinat, von de Amsla, Stara ond von de andere Vögl g'fressa werdat. Wenn d' Johannisbeer ond d' Himbeer am Reifa sind, nau hau i Hochsaison. Nau schpring i da ganza Dag da Garta auf ond ab, om d' Vögl zom verjaga. Kaum hau is von de Himbeer wegg'jagd sitzat se auf de Johannisbeer ond omkehrt. Weil d' Himbeer ganz donta ond d' Johannisbeer ganz doba schtandat, bring i an deane Däg einige Kilomet'r zäma.

Von de Schnecka ond Wühlmäus hau i no gar it v'rzählt, was dös für nette Tierle sind ond wia nützlich dia im Garta sind.

Wenn nau im Hochsomm'r d' Giaßarei a'gaut, nau derf i bloß d' Johannisbeersträuch'r, d' Himbeerschtauda ond d' Stachlbeer giaßa. Dau ka i nix versaua. An d' Bloma ond an d' Pflanza laßt ma mi it na, denn daufür muaß ma a Gefühl hau. Am liabschta isch es mir, wenn es zur rechta Zeit reagnat, od'r wenn es nauch ma Wett'r hersieht.

Ebbes Nettes isch mir in ons'rm Garta au passiert – ond zwar dös: Wia a'maul d'r Rasamäh'r plötzlich nomma ganga isch, hau i da zuaschtändiga Handwerk'r komma lau. Der haut mein Rasamäh'r mit in d' Werkstatt g'nomma ond nauch 25 Minuta war er wied'r dau. Weil alles so schnell ganga isch ond weil es an deam Dag ziemlich hoiß war, hau i dean Handwerk'r zua ma Halbe Bier ei'g'lada. Aus deam oina Halbe sind es zwoi woara ond d' Zeit isch na grad so verganga. Ma sait doch, daß dia Zeit dia verganga isch, nomma z'ruck kommt. Dös isch it wauhr. Dia oinahalb Schtonda, dia mir verratscht hand, sind tatsächlich meah z'ruck-komma. Dia sind nämlich auf d'r Rasamäh'r-Reparatur-Rech-nung dobag'schtanda; d' Schtond zua 38 Mark. So a tuires Bier hau i voarher it ond hint'rher nomma tronka.

113

's All'rschönschte

Es haut mi scha oft bewegt,
ond i hau mir scha oft üb'rlegt,

was wohl 's Schönschte isch auf d'r Welt:
Isch es a Häusle, a Auto od'r bloß a Zelt?

Isch es a Flugreis in da ferna Oschta,
od'r nauch Kanada, es derf scha Ebbes koschta.

Isch es a Kreuzfahrt auf ma Luxusschiff,
od'r 's Taucha zua ma Korallariff?

Isch es glücklich verheiratet sei
ond a paar liabe Kind'r obadrei?

Isch es a Hundle od'r a Katz,
od'r gar a vielkarätig'r Schatz?

Isch es a süaßes Geheimnis dös ma hüat,
od'r bloß a Früahlingswies wenn sie blüaht?

Isch es a goldanes Koarafeld,
sind es die Milliona Sternla am Himmlszelt?

Sind es Titl, Rang ond Orda,
od'r, weil er a Regierungsrat isch worda?

Sei Vat'r war, lang isch dös scha her,
leid'r bloß a kloin'r Sekretär.

Sind es Tantiemen, Gewinne ond Mittl,
od'r isch es der verliahne Doktortitl?

114

Es klingt halt and'rs mit'm Dr. vornadana,
ma isch Ebb'r, ma haut en Nama.

Isch es, weil ma voar Gesondsei strotzt,
weil ma jed'r Krankheit trotzt?

Isch es, weil ma sich zua de Millionär iatzt zählt,
dia all mehr werdat auf onser'r Welt?

Dia sich vermehrat, wia in Italien d' Katza,
od'r wia in de Armenviertl d' Ratza.

Isch es, weil ma iatzt en Kaviar essa ka,
Austra, Schnecka, halt was ma ma?

Denn, dös isch daud'ra 's Tolle,
's Geld, dös spielt üb'rhaupt koi Rolle.

Ma haut ja Gott sei Dank,
en Haufa auf r'r Schweiz'r Bank.

Ond es wird all no mehr,
wo kommt dös viele Geld bloß her?

Doch it vom Schaffa mit d'r Hand
ond au it unbedingt vom viela Verschtand.

Wenn i au manches geara hätt,
's All'rschönschte isch für mi mei Bett.

Deamgegaüb'r gibt es koin Vergleich:
Herrgott! Wia bin i reich!

Wenn i dau denna lieg, wohlig warm,
neabadana d' Frau mit d'r Katz im Arm,

nau woiß i's ganz gewiß,
daß dös für mi 's All'rschönschte isch.

Mei Schtammbaum

Voar a paar Wucha hau i mei letzschte amtliche Urkunde in Sachen Ahnenforschung mit d'r Poscht zuag'schtellt kriagt. Mit der Urkunde hau i mein Schtammbaum mütt'rlich'rseits bis 1612 z'ruck beianand'r. Am A'fang isch es mit mein'r Ahnenforschung guat voarwärts ganga, ab'r nau isch es all schwierig'r woara. So schwierig, daß i a'maul d' Luscht am Nauchforscha verloara ond alles liega hau lau. Nau hau i's eines Tages wied'r frisch packt ond iatzt hau i's bis 1612 tatsächlich g'schafft. Achtmaul ka i dös Wort „Ur" vornanasetza. Dös war fei a Mordsarbat ond a Mordsschreiberei. Zwanzig Jauhr haut es insgesamt daurat, bis i alle beinand'r g'hett hau. I glaub, wenn i weit'rmacha dät, nau dät i no im Paradies bei Adam ond Eva landa. Ab'r i mach aus ma ganz beschtimmta Grund it weit'r. Warom it, dös v'rzähl i schpät'r. Dös Scheane an mein'r Ahnenforschung isch ja dös, daß bis 1612 alle meine Voarfahra aus'm Mittlschwäbischa ond aus Ottobeira schtammat. Dau wundrats mi nomma, daß i an meim Schwaubaländle so hang.

Dös isch fei a g'schpässiges G'fühl, wenn ma sieht, was ond wer alles scha voar oim auf d'r Welt war ond wenn ma sich denkt, daß ma eines Tages selb'r a'maul bei deane schtauht, dia voar ihrem Nama a Kreizle hand. Bei meine Voarfahra vät'rlich'rseits isch oin'r d'rbei, auf dean i, iatzt wo is schwarz auf weiß hau, leicht verzichta könnt. Der haut mi nauch dreihund'rtfuchz'g Jauhr no bitt'r enttäuscht. Ond dös isch d'r Grund: Der Bua, dean mei Ur-Ur-Ur-Ur-Ur-Ur-Ur-Urgroßmuatt'r anno 1631 auf d' Welt braucht haut, also mei Ur-Ur-Ur-Ur-Ur-Ur-Urgroßvat'r, war a Kind der Liebe. Dös wär it so schlimm ond dös kommt in den besten Familienchroniken voar, ab'r der sell Erzeug'r haut mei Ur-Ur-Ur-Ur-Ur-Ur-Ur-Urgroßmuatt'r anno 1630, wo dia no jung ond knuschprig war zwar verführt, ab'r hint'rher it g'heirat. Wenn er sie g'heirat hätt, nau dät i mi it so schreiba, wia i mi heit schreib. Wia i mi schreiba dät, wenn es dortmauls zua r'r Hoachzeit komma wär, dös verraut i it, obwohl der Nama it wüascht isch. Es könnt em Nama nauch sogar a Adelig'r, a „von" g'west sei. Manchmaul g'schpür i dös Adelige in mir. Ond manchmaul isch scha a blaues Bluat von mir g'loffa, wenn i mi g'schnitta od'r verletzt hau. Ab'r dös hau i aus Bescheidenheit bisher no niemand g'sait. Ond so richtig blau war i au scha a paarmaul.

Sei es, wia es will, i bleib trotzdeam em Nama mein'r verführta Ur-Ur-Ur-Ur-Ur-Ur-Ur-Urgroßmuatt'r Walburga, dia sich „Egg" g'schrieba haut ond dia em Kind z'liab ledig blieba isch, treu. Treu au aus deam Grund, weil ma mi bloß als Egg Martin kennt. Übrigens, in Südtirol (Vintschgau) ka ma in d'r Ahnengalerie von d'r Churburg da Nama Egg finda. Isch dös vielleicht nix?

Südtirol

Mei Zug

Als Kind hau i mir vom Chrischtkind jahrelang en elektrischa
Zug g'wonscha, ab'r nia kriagt.

I hau mir a'maul üb'rs Leaba im allgemeina Gedanka g'macht
ond daubei hau i feschtg'schtellt, daß a jed'r Mensch, ganz gieich,
ob er arm od'r ob er reich, ob er schwarz od'r gelb, in deam
Moment, wo er auf d' Welt kommt, in sein Zug ei'schteiga muaß.
Der Zug g'härt ihm ganz alloi. Mit deam fährt er nau ohne Aufenthalt bis zur Endstation. Wenn er Glück haut, nau isch a Speisewaga ond a Liegewaga an seim Zug a'g'hängt. Wenn it, nau muaß
er halt aus seim Rucksack essa. Dau kommat natürlich it dia feine
Sächala raus, als wia bei deam, der en Speisewaga d'rbei haut. Es
isch au wichtig, ob der Waga wo ma sitzt, polschtrat isch, weil ma
je nauchdeam doch recht lang fahra muaß. Iatzt i, i bin in en Waga
dritt'r Klaß ei'g'schtiega. Oin mit harte Bänk. Dau reißts ond
nottlats oin ganz schea hin ond her. Die erschte sechs Jauhr, es
warat meine schönschte Jauhr, hau i a Kissale zom Draufsitza
g'hett, ab'r dös muaß i irgendwann a'maul verlegt hau. Erscht viel
schpät'r hau i's meah g'fonda.

Die erschte Jauhr isch mei Zug viel in der Gegend romg'fahra,
wo i ei'g'schtiega bin. Wenn i zom Fenscht'r nausguckat hau, nau
hau i all wied'r mei Hoimatschtädtle mit Schloß ond Kirch g'seah.
An blüahende Wiesa, an glitzernde Bächla ond durch da geheim-
nisvolla Wald bin i g'fahra. Manchmaul isch mei Zug au in schwarze
Tunnels neig'fahra, wo i mi g'forchta hau ond wo i froah war,
wenn es wied'r hell woara isch. Zom guata Glück isch all wied'r d'
Sonn rauskomma ond haut mi dean Schreck vergessa lau.

Am A'fang war es eh'r a Bommlzug, ab'r je läng'r i fahr, omso
schnell'r fährt er iatzt. Aus deam Bommlzug isch a richtig'r
Schnellzug woara. D' Endstation haut koin Nama. Dia haut bloß
a paar Zahla ond zwar a Zahl für d' Stund, a Zahl für da Tag ond
Monat ond a Zahl fürs Jauhr. I find es ja it richtig, daß ma gar nix
näheres woiß, wenn ma sei Köff'rle zom Aussteiga herrichta
muaß. Manchmaul moint ma, weil d'r Zug all langsam'r wird, es

isch soweit, ab'r nau fährt er doch meah weit'r. Ma frait sich an deam, was ma dussa sieht. Ab'r nomma so wia in de erschte sechzig Jauhr. Es packt oin a leise Wehmuat, so wia im Herbscht, wenn d' Feld'r abgeerntat sind ond wenn die erschte Neabl aufsteigat. Es kommt natürlich viel auf dean d'rauf a, der im Zug sitzt. Manche denkat sich daubei gar nix, dia genießat d' Fahrt bis zur letzschta Sekund. Iatzt i dua mir dau it so leicht. I denk oft, wia lang mei Zug no fährt ond ob mi beim Aussteiga au alle meine Verwandte, Freind ond Bekannte erwartat, od'r ob i ganz verlassa ond verloara dauschtand. Dös sollt ma halt wissa.

Wie oft i in meim Leaba von ganz onta a'g'fanga hau

Daumit ma von sich was v'rzähla ka, muaß ma als All'rerschtes auf d' Welt komma. Dauzua muaß ma sich en Tag, a Schtond, en Platz ond a Muatt'r aussuacha. Bei mir war es am ma Freitag in d'r Früah om Fünfa. In d'r Kirch hand se grad 's Morgagebeat g'litta. I wär geara an ma Sonntag auf d' Welt komma, als Sonntagskind, ab'r dauzua war i it auserseah. Mit'm Ort ond mit d'r Muatt'r war i ei'verschtanda, mit'm Vat'r natürlich au. Wenn ma dau isch, nau fangt ma zom erschta Maul von ganz onta a. Dau muaß ma 's Sitza, 's Reda ond 's Laufa lerna. Mei erschtes Wort war it Mama od'r Papa, mei erschtes Wort war a a; ab'r dau war es scha z' schpät. Dös muaß ma natürlich au lerna. Zua deam Zweck setzt ma oin auf a Häfale, in deam a hoißes Wass'r denna isch, weil bekanntlich 's hoiße Wass'r ziaht. Auf deam Häfale muaß ma nau so lang sitzableiba, bis auß'r deam hoißa Wass'r no ebbes anderes denna isch. Wenn ma dös a'maul ka, nau haut ma scha da erschta Intelligenzgrad erreicht. Wenn ma nau endgültig saub'r isch, nau duat ma oin in da Kind'rgarta. Wenn ma dean hint'r sich haut, nau kommt ma in d' Volksschual. Dau fangt ma au wied'r von ganz onta a. In d'r Schual lernt ma nau 's Rechna, 's Leasa, 's Schreiba ond no vieles anderes mehr. Wenn ma bei de guate Schüal'r isch, nau sitzt ma in de vordere Bänk. Hinta isch es eigentlich viel günschtig'r, dau wird ma vom Lehr'r it soviel g'fraugat, weil der woiß, daß dia sowieso nix wissat. Zwischanei kriagt ma au a Zeugnis, in deam Nota dinna schtandat. Dia Nota ka ma ab'r it singa. Daß in meim Entlassungszeugnis sechsmaul dös Wort „lobenswert" ond sechsmaul dös Wort „hervorragend" denna schtaut, dös frait mi heit no. Talent zom Schtudiera hätt i scha g'hett, vielleicht mehr als wia dia, dia zom Schtudiera komma sind, ab'r 's nötige Kloigeld daufür haut g'fehlt. So haut ma halt für mi om a Lehrschtell guckat, was 1929 gar it so oifach war. I war no koine vierzeh Jauhr alt ond i hau auf'm Fahrrad noit nag'roicht, hau i scha als Lehrling in ma Kurz-Weiß- ond Wollwarag'schäft a'-

g'fanga. Ond wied'r von ganz onta. Vom Strauß kehra, Ei'hoiza, Abstauba, Brotzeit holla, bis zom Hauptbuach führa. Vom War auspacka, Rechnung schreiba, bis zom War ei'packa. Daß dia War, dia ma ei'packt, teur'r isch, als wia dia War, dia ma auspackt, dös hau i bald hussa g'hett. Was am Schluß nau übrig bleibt, isch d'r Gewinn. In der Zeit hau i au 's Rasiera g'lernat, weil mir so langsam a Bart g'wachsa isch. Zua allem Unglück na au no a schwarz'r. Mei Schtimm haut plötzlich nomma mitdoa, mei Näs isch all läng'r woara ond im G'sicht hau i en Haufa Pickl g'hett. Ma schpricht in deam Zuaschtand von „Pubertät". A ausgeschprochene Scheaheit war i dau g'wiß it ond trotzdeam hau i nauch de Mädla guckat ond d' Mädla nauch mir. Ma haut sich voar d'r Schtadt dussa troffa, daß ma an niemand nag'laufa isch. Ma haut sich verschtohla an d'r Hand g'führt ond ma haut so a dommes Zuig g'schwätzt, daß es guat war, daß dös niemand g'härt haut. Es haut oin hin- ond hergrissa. Ma haut it g'wißt, gaut ma am Sonntag nauch d'r Chrischtalehr mit'm Freind zom Fuaßballschpiela od'r gaut ma mit'm Mädle schpaziera. Zwecks em ei-'kehra haut ma sich koine Gedanka g'macht, weil ma koin Pfennig Geld im Sack g'hett haut. Auß'r em Beruf haut ma au in d'r Liebe so manches lerna müassa. I muaß saga, dia Lehrzeit war mei schönschta. Dia dät i geara no a'maul macha. In der Zeit isch die ganze Welt rosarot ond d'r Himml hangat voll'r Geiga. Manche Menscha hand in der Zeit au a Brett voar'm Hira.

Es kommt au dia Zeit, wo ma 's Tanza lerna muaß, weil dös zom Leaba ond zom guten Ton d'rzua g'härt. Dau macht ma nau Drehunga, Schritt, Figura ond Sacha, daß ma d'rbei ins Schwitza kommt. Ond höllisch aufpassa muaß ma no extra, daß ma it allaweil auf de Schuah von d'r Tänzerin schtaut. I hau zom Tanza üb'rhaupt koi G'schick g'hett. I war alles, bloß koi guat'r Tänz'r. Wia nau schpät'r für mi die sogenannte Pflichttänz komma sind, hätt i 's Tanza geara bess'r kennt.

Weil mir die erschte Lehrzeit als Kaufmann so guat g'falla haut, hau i no a'maul oina g'macht. Dösmaul als Lehrling bei r'r Bank. I könnt au saga bei r'r Sparkaß, ab'r dös sag i absichtlich it, weil es mir dau gar it guat ganga isch. Dau hau i alle Tiefen mitg'macht.

Höhen warat koine d'rbei. Bis auf oina ond zwar dia: Je höh'r ma in d'r Besoldung eig'schtuft war, omso weanig'r haut ma verdient. Ond dau war i ganz hoach ei'gschtuft. So hoach, daß es mir schier schwindlig woara isch.

Zua der Zeit, wo dös passiert isch, war dia Bank no im Rauthaus ont'rbraucht. Im ganza Rauthaus haut es für alle Bedienschtete bloß oi Clo geaba. Dau haut ma fei a Glück hau müassa, wenn dös a'maul it besetzt war. Bei mir haut es a'maul unheimlich pressiert ond wia i neig'wöllt hau, war es natürlich besetzt. I war d'r feschta Meinung, daß dau a Kollege von mir drinna sitzt, weil i dean beim Verlassa vom Bankraum it g'seah hau. So hau i halt an d' Clotür naklopfat ond hau g'sait: „Fredl! komm mach die. Mir pressierts!" Weil der koin Ton von sich geaba haut, hau i mir denkt, der macht sich dau denna no luschtig üb'r mi. Weil es bei mir all no pressant'r woara isch, hau i's no a'maul versuacht. I hau wied'r an d' Tür naklopfat, dösmaul entsprechend schtärk'r ond hau nau mit gehobener Stimme g'sait: „Hermannei Fredl, so mach die doch! Es gaut ja sonscht bei mir in d' Hos. Ond a Aroma hauscht du, daß es oin omhaut." Daudrauf isch es wied'r mäusleschtill g'wea. Doch nauch kurz'r Zeit isch d' Tür aufganga ond it der von mir vermutete Fredl isch rauskomma, sond'rn d'r rechtskundige erschte Bürg'rmeischt'r. Der haut mi mit ma Blick a'gukkat, daß mir schier 's Herz in d' Hos g'rutscht isch ond isch nau mit ma fui'rroata Kopf an mir voarbeiganga. Au weh! hau i mir denkt, dau kommt Ebbes nauch. Ond so war es au. Er hauts natürlich brüahwara meim Chef v'rzählt ond der haut, wia i am nägschta Tag aufs Clo ganga hau wolla, zua mir g'sait: „Egg! wo gauscht Du na?" I hau nau ganz vornehm d'rauf g'antwortat: „Ich muß austreten Herr Direktor!" Er haut nau wortwörtlich zua mir g'sait: „Nix dau, Du gauscht in Zukunft dauhoim zom sch....!" (I hau dös wüaschte Wort it ganz ausg'schrieba, obwohl es er dortmauls ungekürzt zua mir g'sait haut. I bin nau wirklich 's nägschte Maul hoimganga. Wia i nauch r'r dreiviertl Schtund erleicht'rt meah komma bin, haut er zua mir g'sait: „Wo kommscht Du her?" Wia i es ihm nau erklärt hau, haut er mi a'pfurrat: „Domm'r Siach! so war es au it g'moint. Wo kämat mir denn na, wenn a jed'r zua der

Arbat hoimging? Wenn es wied'r a' maul pressiert, nau gauscht halt zom Ringl'r od'r zom Schapfl nom. Nau bischt in drei Minuta wied'r dau." (Dös warat zwoi Wirtschafta glei am Marktplatz).

Mei zwoita Lehrzeit isch Gott sei Dank au romganga ond dau war i nau in ma Alt'r, wo bald d'r Einberufungsbefehl zom Arbeitsdienscht ond bald d'rauf zom Militärdienscht komma isch. Ma haut mi zua de Pionier ausg'muschtrat. Weil i's ab'r mit'm Wass'r it so sehr g'hett hau, hau i mi freiwillig zua de Gebirgsjäg'r g'meldat. Dau hau i au wied'r ganz von onta a'fanga müassa. I bin mehr auf'm Bauch g'leaga, als wia auf meine Füaß g'schtanda. Beim erschta Scharfschiaßa isch es mir gar it guat ganga, weil i von deane fünf Schuß koin auf mei Scheib d'raufbraucht hau. Zwoi von mir warat auf d'r Scheib von deam, der links neab'r mir g'leaga isch. Daufür hau i 25 Kniabeiga, mit vorgehaltenem Gewehr versteht sich, macha müassa. Weil dös bei mir au it g'holfa haut, haut ma mi auf d' Schreibschtub abkommandiert. Im Oktob'r 1937 bin i ei'g'ruckt, an Weihnachta isch von mir a Weihnachtsstückle aufg'führt woara. Bei d'r Aufführung war d'r schpätere General Dietl anwesend. I hau in meim Stückle en schterbenden Engländ'r g'schpielt. I bin unt'rm brennenden Weihnachtsbaum so schea ond so echt g'schtorba, daß d'r ganze Saal, einschließlich Dietl, g'heilat haut. Als Autor von deam Stück bin i hint'rher em Dietl voarg'schtellt woara ond dös war a Viertljauhr schpät'r mei Glück.

Beim Österreich-Einsatz war i au d'rbei ond zwar als Fahr'r vom Bock. I bin mit meine zwoi Gäul ond deam Waga saub'r daug'schtanda. I hau ja it a'maul g'wißt, wia ma dia Gäul ei'schpannt, ab'r dös hau i schnell g'lernat. Bloß mit'm Fahra haut es g'happrat. Dia zwoi Gäul warat en bessara Fahr'r g'wöhnt. Dia hand mit mir doa, was sie g'wöllt hand. In Bad Ischl war Voarbeimarsch, dau haut d'r Oberst Dietl d' Parade abg'nomma. Rechts auf'm Podium isch d'r Dietl mit seim ganza Stab g'schtanda, links gegäüb'r haut am Straußarand d' Militärmusik g'schpielt. Weil alle Soldata voar'm Podium „Augen rechts" g'macht hand, hau i's halt au so g'macht ond dös war mei Fehl'r. Daudurch, daß i mein Kopf schneidig nauch rechts dreht hau, hau i's gar it g'seah, daß i mit meine zwoi Gäul z' weit nauch links, dau wo d' Musik schtaut, komm. I bin mit meine Gäul so weit nomkomma, daß d' Musik'r fluchtartig ihren Platz verlassa hand. D'r ganze Voarbeimarsch isch weaga mir ins Stocka komma. Dös war natürlich a Riesenblamasch. D'r Oberst Dietl haut mi zu sich aufs Podium naufkomma lau. Er haut mi a Zeit lang a'guckat ond nau haut er zua mir wortwörtlich g'sait: „Sind sie Riesenroß auch ein deutscher Soldat? Schauen sie, daß sie weiterkommen, sie Dramaturg!" Dau hau i's g'wißt, daß er mi von Weihnachta her no kennt haut. Dös war mei groaßes Glück. Meim Hauptmann haut dös it paßt, daß i so billig wegkomma bin ond der haut mi nau zua drei Stallwacha bei de Mullis verdonnrat. Am nägschta Tag war wied'r a Voarbeimarsch, dau bin i im Trapp am Dietl voarbeig'fahra, daumit er mi it scha wied'r aufs Podium naufholla ka. Auf dös na hand sie mir d' Gäul wegg'nomma ond hand mi in d' Kasern hoim nauch Füssa g'schickt. So war i schnell'r wied'r dauhoim als wia die andere. Bis dia meah komma sind, war i sogar scha entlassa, obwohl i no oinahalb Jauhr hätt macha müassa. Wenn dia mi it so voareilig entlassa hättat, wer woiß, ob mir da Kriag it g'wonna hättat. Soviel von mein'r Militärzeit.

I bin meah in mei Bank z'ruckkomma. Dau haut ma mi mit offane Arm meah aufg'nomma, weil dia so a billiga Arbeitskraft wia mi, guat braucha hand könna. In der Zeit hau i's a'maul mit ma handg'schriebana G'suach auf Gehaltserhöhung versuacht. Wia i nauch zwoi Jauhr höflich nauchg'fraugat hau, ob mei Gesuch vielleicht verloaraganga sei, haut d'r Boß mi a'zannat, daß es a Fraid war. A halbes Jauhr schpät'r war es nau so weit. Dau hau i nau im Monat om zwölf Mark mehr verdient. Dös sind vierzig Pfennig pro Tag. Weaga vierz'g Pfennig hat der sich so kleiba lau. Mit der Gehaltsaufbesserung im Rücka wär i bald leichtsinnig woara. Dau haut es mir vom Heirata traimt. Zom guata Glück isch dau allaweil a Andara, a no viel Scheanere d'rzwischa komma, sodaß i dreiß'g Jauhr alt woara bin, bis es mi endlich verd'wischt haut. In d'r Hoachzeitsnacht war bloß drei Maul Fliag'ralarm. Jedesmaul wenn i g'moint hau „iatzt", isch d' Sirene losganga. Als Hoachzeitsg'schenk haut mei Frau von ihrem Chef drei Zentn'r Stoikohla kriagt, daudrüb'r hand mir ons mordsmäßig g'frait. I hau von meim Chef a Flasch Sekt kriagt, dean a paar Wucha schpät'r d' Ami tronka hand, weil dia ons'r Haus besetzt hand. Wia mir in ons'r Haus meah nei'könnt hand, war so manches nomma dau, dös voarher no dau war. Für dös, was sie mitg'nomma hand, hand sie ons en Haufa ins Ehebett neig'setzt, ab'r koin Haufa Geld.

A liab'r Mitbürg'r, der anno 1945 Bürg'rmeischt'r woara isch, haut als erschte Amtshandlung mir Ebbes hoimzahla wolla, obwohl er mir nix schuldig war. Er haut es fertig braucht, daß mei Vat'r ond i in r'r Marmeladfabrik dienschtverpflichtat woara sind. Dau hau i au meah ganz von onta a'fanga müassa. Om 35 Pfennig in d'r Schtund hand mir zeha Schtund lang ont'r bewaffnet'r Aufsicht entwed'r Kartoffl schäla od'r schtinkende Fisch putza müassa. Mei Vat'r hätt mit dean'r Sach üb'rhaupt nix zom doa g'hett, denn der hätt deam ehrsama Bürg'r sei Tocht'r sowieso it heirata könna. Eines Tages sind mir, mei Vat'r ond i, in d'r Marmeladfabrik sogar befördrat woara. Dau sind mir mit no a paar Zuverlässige zom Marmeladekocha abkommandiert woara. Mir hand für d' Besatzungsmacht Marmelade kocha müassa. Dös war für ons Normalverbrauch'r, dia mir mit deane paar Gramm auf de Lebensmittlmarka auskomma hand müassa, a willkommene Bereicherung, denn Marmelade hand mir essa könna, soviel mir g'wöllt hand. Ab'r dau hand mir ons bald abgessa g'hett. Oin Tag woiß i, dau hand mir onsara Marmelad it a'maul versuacht, obwohl es a Pfirsichmarmelad war. Ond dös war so:

In d'r Früah, beim Aufdecka von deam Pfirsich-Fruchtmark-Faß, hand mir feschtg'schtellt, daß in deam Faß zwoi Ratza romschwimmat. Mir hand lang hin- ond her üb'rlegt, was mir mit deane macha sollat, nau sind mir zua dem einstimmiga Entschluß komma, daß mir dia zwoi Kerle oifach mitverkochat, dös sei die saub'rschte Lösung. Ond dös hand mir au g'macht. Dia hauts so schea verkochat, daß von deane nix meah übrigblieba isch. Oin Kübl von der Pfirsichmarmelad hand mir em Bürgameischt'r zuakomma lau. Der haut sich daudrüb'r saumäßig g'frait. Mir ons au. Mit deam brauna Zuck'r, dean mir zom Marmeladkocha verwendet hand ond dean mir, wenn es ganga isch, au nausg'schmugglat

126

hand, hau i a'maul acht Pfond Butt'r ei'tauscht. Für dia acht Pfond Butt'r hau i en gebrauchta Kind'rwaga ei'tauscht, weil bei mein'r Frau ebbes Kloines ont'rweags war ond weil diajenige für ihren alta Kind'rwaga genau acht Pfond Butt'r verlangt haut.

Es haut etliche Jauhr daurat, bis i 1951 in mei Bank meah nei'komma bin. In d'r Zwischazeit war i in verschiedane Firmen tätig ond a halbes Jauhr war i sogar no arbeitslos. Wia ma mi in d'r Bank meah ei'g'schtellt haut, in der i scha zwölf Jauhr beschäftigt ond hoachbezahlt war, haut es mir mei Chef zoigat, wia sehr er sich frait, daß er mi wied'r ei'schtella haut müassa. I hau wied'r a'maul von ganz onta a'fanga müassa. Ma haut mi so hoch ei-g'schtuft, daß i z'erscht g'moint hau, dös sei mei Wuchalohn. Ab'r dau hau i mi täuscht, dös haut für en ganza Monat roicha müassa. Wenn i mit mein'r Frau ond mit meine zwoi Kind'r im Haus von meine Eltra it mietfrei wohna hätt könna, nau wärat mir heit nomma dau. Nau wärat mir 1951 glatt verhungrat. I hau trotzdeam durchg'halta ond es isch langsam ab'r sich'r aufwärts ganga. Bis auf siebahond'rt Met'r nauf, so hoach liegt nämlich Ottobeira.

Wenn i mir voarschtell, wia oft i in meim Leaba von ganz onta a'fanga hau müassa, nau däts mi gar it wund'ra, wenn i in d'r andara Welt it au meah von ganz onta a'fanga müßt. I will dau gar it so weit nauf, sonscht könnts passiera, daß i dau mein früahra Chef triff. Denn wia i dean kenn, sitzt der ganz in d'r Nähe vom Herrgott.

Iatzt dät i halt ganz geara no a paar Jährla leaba ond so bleiba, wia i bin. It ganz oba ond it ganz onta.

Ein spätes Geständnis

Oimaul kommt der Tag,
wo i ganga muaß.
Vielleicht ganz schnell,
ohne Abschied, ohne Gruaß.

Vielleicht am Morga,
vielleicht in d'r Nacht,
vielleicht mit Schmerza,
vielleicht au ganz sacht.

Wenn i bin ganga,
nau isch es zu schpät,
nau ka is nomma saga,
was i so gern saga dät.

Es liegt mir im Herza,
es will it auf mei Zung,
i trau mi's it saga,
i bin halt so dumm.

Was soll i bloß macha,
daß sie es erfährt,
daß mei altes Herz,
ihr alloinig bloß g'härt.

Daß i ohne sie,
scha lang nomma wär dau
ond daß sie für mi
alles isch, Muatt'r ond Frau.

I hau ihr nia zoigat,
was sie mir wirklich bedeut,
ebbes Scheanes ond Liabes,
hau i ganz selta bloß g'sait.

Sie muaß ja dau moina
daß i wirklich so bin
ond daß in meim Herza,
für sie isch nix drin.

Doch heit will is saga,
bevoar es zu schpät,
wia soll sies sonscht wissa,
wia's om mi steht.

I woiß it, i glaub,
i laß sie's bloß leasa,
hoffentlich woiß sie es nau,
daß dös i bin g'weasa.

Ond daß sie daumit g'moint isch
ond daß all dös au wauhr,
lang hau i dauzua braucht,
mehr als siebzig Jauhr.

Ab'r iatzt isch es hussa,
ohne Hascht ond ohne Eil,
ma sait it omasonscht,
guat Ding braucht sei Weil.

Das Fenster

I hau mir saga lau,
wenn der it lüagt,
daß im Himml doba,
a Jeder sei Fenscht'r kriagt.

Wo er nau nagucka ka,
wenn es ihm grad g'fällt,
auf sei liabschtes Fleckle,
donta auf d'r Welt.

I mächt dauzua saga,
dös Fleckle, dös i moi,
wird bei de All'rmoischte,
a Stückle Hoimat sei.

Denn nirgens isch es schean'r,
was es au geit,
als wia dauhoim sei,
dauhoim bei seine Leit.

Wenn dös Dauhoi
nau no im Schwaubaland isch,
nau isch oim die ewige Seligkeit
sich'r ond g'wiß.

I dua mir dau a'maul schwer,
dös laßt sich it vermeida,
weil i zwischa zwoi Fleckla,
muaß mi entscheida.

'S oine, dau bin i geboara,
dau kenn i a jedes Haus,
alle Winkl ond Gassa
ond a jeda Strauß.

Dau bin i in d' Schual ganga,
hau d' Chrischtalehr g'schwänzt
ond hau bei de Mädla
voar Verliabtsei glänzt.

Dau staut ons'r Häusle,
dös mein'r Muatt'r haut g'härt
ond wenn es au kloi isch,
für mi isch es Milliona wert.

'S andere, land mi saga
ond daß i's au richtig beton,
isch mei Wahlhoimat Ottobeira,
halt dau, wo i iatzt wohn.

Es isch koi Städtle,
a Marktflecka isch es halt,
mit Basilika ond Kloascht'r,
scha üb'r 1200 Jauhr alt.

Dau fühl i mi glücklich,
dau bin i iatzt dauhoi,
dau mächt i au bleiba,
so lang es ka sei.

Doch nau kriag i mei Fenscht'r,
so wia die andere au,
zom Gucka ond Glücklichsei
ond alles isch himm'lblau.

Wofür soll i mi entscheida,
dös fällt mir ganz schwer,
weil i halt dau ond dau,
von Herza geara wär.

Dau wo i geboara bin
ond dau wo i iatzt wohn,
so bitt i halt da Herrgott
auf seim ewiga Thron,

daß er mir gnädig isch
ond mir macht a Fraid,
indeam, daß er mir
a zwoites Fenscht'r geit.

Nau ka i gucka,
grad wia i so mächt,
auf Krombach ond auf Ottobeira,
ja, so wär es mir recht.

So fangts meah a

D' Palmkätzla schlagat aus,
d' Schneaglöckla spitzat raus,
a paar Krokus land sich seah,
dau ond dött liegt no d'r Schnea.

Gänsableamla lachat aus 'm Gras,
a Schmett'rling haut sein Spaß,
der fliagt scha omanand,
als wär d'r Somm'r scha im Land.

D' Stärla sind scha fleißig,
sie tragat Fead'ra, Moos ond Reisig,
in ihre Starahäusla nei,
bald wird denna a Näschtle sei.

Zwischanei duat d' Sonna scheina,
so, ma könnt grad moina,
iatzt haut sies g'schafft,
doch ihre Kraft
roicht noit ganz
für en Frühlingskranz.

Ma soll sich it z' früah freia,
guck! iatzt duats meah schneia.